비밀의 심리학

ÉLOGE DU SECRET

비밀의 심리학

피에르 레바-수쌍 **지음** | 강현주 **옮김**

말·글빛냄

비밀

머나먼 기억으로부터의 부름을 간직하라.
맹목적으로 당신을 쫓아다니는
이 기억은 당신을 소중하게 보호해줄 것이다.

가슴 속 깊은 곳으로 끝없이 들어가라.
결코 거짓말을 하지 않는 공상 속으로
너에게 무언가를 말해주려는 듯한 가면을 쓴 채로.

올리비에 비어Olivier Beer (2006년 4월)

실내는 사람들로 북적거렸다. 각 테이블마다 예닐곱 명의 수다스러워 보이는 사람들이 각자 지난 휴가의 추억들을 자세히 늘어놓고 있었다. 9월 중순의 파리는 여름 휴가철의 정적에서 벗어나 활기를 되찾아가고 있었다. 며칠 전부터 이 식당은 저녁 시간에 진행될 특별 행사에 대해 미리 광고를 했었다. 그 덕분인지 예약 손님들이 많았다.

이 남자를 조심하시오!

전후 사정을 모르는 사람들에게는 꽤나 이상하게 여겨질 문구지만, 전후 사정을 잘 알고 있는 많은 사람들은 이 날 저녁 이 식당을 찾아왔다. 사람들은 이 남자가, 더 정확히 말하면 이 남자의 '말'이 아닌 '손'이 자신들에게 가져다줄 마법의 순간들을 꿈꾸고 즐기고 싶어했다.

그곳에는 마술사가 있었다. 마술사는 그 자리에 있는 사람들에게서 영감을 얻기 시작했고, 각 테이블과 테이블에 앉아 있는 사람들을 눈여겨보면서 곧 쓸모 있어질지도 모를 정보들을 수집

했다. '클로즈 업close-up' 마술[1]은 관객의 눈앞에서 펼쳐 보이는 근거리 마술이다. 따라서 신속성, 친밀감, 능숙함이 요구된다. 마술이 시작되는 순간부터 마술사와 관객은 마치 보이지 않는 실로 연결된 것처럼 서로 시선을 주고받는다. 그리고 은밀한 환상이 펼쳐지기 시작한다.

한 사람의 공간에서 또 다른 사람의 공간 사이로 비밀이 교묘하게 오가면서 멋진 일이 벌어지고, 사람들은 감탄하게 된다.

마술사가 마침내 무언가를 결심한 듯 첫 번째 테이블을 향해 걸어가 자신을 소개한 뒤 최근에 꾸었던 꿈에 대해 이야기한다. 이 갑작스러운 소개에 관객들은 다소 놀란 듯 했지만 이내 미소를 짓는다. 그는 다양한 몸짓을 사용하며 꿈에 대한 이야기를 시작했다. 마술사의 손이 팔꿈치 가까이로 다가가자 어디에선가 동전 한 닢이 나타난다. 마술사는 관객들에게 그 동전을 보여주고, 관객들의 감정을 공유하려는 듯 자신도 관객처럼 짐짓 놀란 표정을 지어 보인다. 마술사는 손바닥 한 가운데에 올려놓았던 동전을 다른 쪽 손바닥으로 던진다. 반짝이는 동전을 따라 움직이는 시선들은 순간을 놓칠세라 잠시도 긴장을 늦추지 못한다.

모두가 이 동전의 움직임에 집중하고 있는 동안 어디에선가 두 번째 동전이 나타난다. 마술사의 손에서 춤추고 있는 동전들의 향연에 관객들이 숨조차 쉬지 못한 채 넋을 잃고 있는 동안, 그 틈을 기다렸다는 듯 허공에서 세 번째 동전이 떨어진다.

"이것이 꿈일까요, 생시일까요?" 마술사가 질문을 던진다.

세 번째 동전은 그것들을 능숙하게 조작하는 손가락 사이에서 끊임없이 움직인다.

"꿈입니다." 마술사가 갑자기 손바닥을 덮으면서 말한다. 그리고 다시 손바닥을 펼친 순간, 동전은 두 개로 줄어 있다. 그는 남아 있는 동전으로 다시 묘기를 부리기 시작했고, 눈앞에 펼쳐진 현실에 어리둥절해 있는 관객들 앞에는 이제 동전 하나만이 남게 되었다. 이 마지막 동전은 마술사의 한쪽 손바닥에서 다른 쪽 손바닥으로 넘어가며 끝내 사라진다. 그제야 사람들은 박수를 치기 시작했고, 다시 숨을 쉬기 시작한다.

"하지만 환상이 꿈보다 더 강력한 힘을 발휘하지 않을까요?" 마술사가 중얼거렸다.

이제 막 끝난 공연을 생각하면서 다시 한번 호흡을 가다듬고 있는 관객들의 눈앞에 또다시 하나, 둘, 세 개의 동전이 차례로 쨍그랑거리며 나타난다. 분위기가 한창 무르익었을 무렵 공연에 푹 빠져서 테이블마다 마술사를 졸졸 따라다녔던 한 어린 소년이 마술사에게 다가와 질문을 던진다.

"동전, 카드, 샴페인 뚜껑 같은 걸로 어떻게 하는 거예요? 저도 아저씨의 비밀을 알고 싶어요. 그래서 학교에서 최고가 되고 싶어요. 저도 마술사가 되고 싶어요."

마술사는 몸을 낮추고 입술 위로 검지를 갖다대면서 소년의 눈을 한참 동안 응시한 후에 대답했다.

"내가 말해줄 수 있는 건, 나는 너에게 해줄 수 있는 것이 아무것도 없다는 사실뿐이야. 마술은 너를 학교에서 최고로 만들어주지 않을 거야. 마술은 까다로운 애인과 같단다. 단지 자랑하고 싶어서 사랑한다면 참을 수 없어하지."

소년은 조금 더 시간이 흐른 후에야 이해하게 될 말을 알아들은 척 하면서 다음 질문을 던졌다.

"좋아요. 학교에서 최고가 되기 위해서 마술사가 되려는 건 아니에요. 하지만 비밀이 없다면 어떻게 마술을 배울 수가 있죠?"

소년은 재빨리 거짓말을 했다.

"마술 속에 있는 모든 비밀 중 유일한 비밀은..."

마술사는 놀라운 비밀을 듣고 싶어하는 소년에게 가까이 다가가서 귓속말을 했다. 그가 남긴 말은 소년을 완전히 얼어붙게 했다.

그의 말이 소년의 내면에 자리 잡고 있는 비밀 상자 속으로 스며들어가자, 소년의 얼굴은 환해지고 두 눈은 미래에 대한 약속으로 반짝거렸다. 마술사는 소년의 그 눈빛을 절대로 잊지 못할 것이다. 평생을 살아가는 동안 소년의 눈빛은 마술사의 기억 속에 남아서 그를 따라다닐 것이다. 마술사는 자신이 전해 준 이 지식을 소년이 어떻게 사용했는지 늘 궁금해하게 될 것이다.

소년은 이 특별한 저녁을 절대로 잊지 못할 것이다.

새로운 세상이 그의 앞에 펼쳐졌다.

CONTENTS

"마술사의 비밀은 마술사 그 자신이다."
- 쟈크 들로르 Jacques Delord[1]

"겉으로 드러나 보이는 모든 것은, 단지 진짜 현실을 감추는 장막일 뿐이다."
- 이브 본느포이 Yves Bonnefoy

Chapter
01

꿈꾸는 기술

이 책은 한 가지 의문에서 출발했다.
오늘날 비밀이라는 단어는 왜 불길한 뉘앙스를 띠게 되었을까?
왜 비밀은 침묵과 같은 의미로 간주되며, 심지어 인간관계에 있
어서의 기능장애와 같은 의미로 여겨지게 되었을까? 이러한 의
문은 꼬리에 꼬리를 물고 이어졌다. 어떻게 자신을 투명하게 드
러내는 것이나 모든 것을 말하는 것이 말이나 정보의 질을 가늠
하는 척도가 되었을까? 사람들은 자신의 내면세계를 희생하게

되더라도 대중이나 가까운 사람, 혹은 아이들에게 모든 것을 말해야한다고 이야기한다. 비밀을 파헤치려는 시도는 점점 더 심해져서 각자의 내면세계를 불필요한 것으로 취급하기에 이르렀고, 그 한계마저 점차 모호해지고 있다.

오늘날 비밀은 추격당하고 있다. 비밀은 사회를 만족시키기 위해서 밝혀지고, 폭로되고, 파헤쳐지고 있다. 사람들은 가족의 비밀을 알아내려고 애쓰고, 대중매체에서는 개인의 사생활을 전파하고, 사회 각 분야의 비밀을 폭로하는 등 감추어진 모든 것은 개인, 가족, 집단의 관심이라는 명목하에 밖으로 끄집어낸다. 비밀을 밝히는 것이 개인의 안녕 뿐만 아니라 민주주의를 보장해줄 수 있는 권리가 될 것이라고 생각하는 것이다. 누구도 이러한 집단적이고 독단적인 사고가 개인에게 미치는 영향에 대해서는 깊이 생각하지 않는다. 하지만 그 중 다음의 한 가지 사례에 대해서는 각자 생각해볼 필요가 있다.

1990년대, 북아메리카의 한 케이블 방송 채널은 여섯 시간에 걸쳐 마술의 비밀 대부분을 최초로 대중에게 공개했다. 프랑스의 한 방송 채널은 크리스마스 휴가 기간 동안 이 시리즈를 다시 방송하고 싶어했다. 방송 관계자는 다음과 같이 말했다. "대중은, 몇몇 소수의 특권을 누리는 사람들이 이미 알고 있는 것을 알 권리가 있다." 비밀은 하나의 지식을 다수의 사람들과 나누기를 거부하는 태도에서 비롯된다. 이러한 비밀이 일종의 전문가 집단의 특권이라는 것이다. 다시 말해서, 비밀을 파헤치는 것은 그 누구도 반박할 수 없는 '알 권리'에 대한 '민주적' 요구라는 주장이다. 이런 상황에서 도대체 누가 무슨 권리로 이러한 정보에 접근하는 것을 제한할 수 있겠는가?

이러한 태도를 어떻게 이해해야 할까? 마술이 가장 호황을 누리는 연말의 축제 기간에, 게다가 텔레비전 방송의 황금 시간대에 마술의 비밀을 파헤치다니 말이다!

고지식한 사람들의 돈지갑에서 현금을 강탈해내기 위해서 속임수를 쓰는 무면허 의사나 사기를 치는 점성술사를 고발하는 것이 아니다! 바로 마술의 비밀을 파헤치는 것이다!

마술사가 되기를 갈망하는 시청자들의 지식에 대한 갈증을 풀어주려는 의도였을까? 최초로 그러한 방송을 시도한 미국과, 뒤이은 프랑스 방송국의 참여 정신으로 인해 수천만 명의 유럽인들이 그러한 갈증을 해소했을까?

이러한 경우에 알 권리는 존재의 권리, 경우에 따라서는 마술사가 될 권리가 될지도 모른다. 하지만 단순히 비밀을 폭로한다고 해서 누구나 '마술사가 될' 수는 없다. 하나의 기술 습득을 위해 그 비밀의 세계 속으로 들어가려면 까다로운 훈련 과정이 필요하다. 다시 말해서 수동적인 관찰이 아니라 적극적인 참여가 필요한 것이다.

경우에 따라서 우리는 텔레비전 시청자들에게 현실을 알리고 싶다는 방송 제작자들의 교육적 관심에서 이러한 방송 프로그램이 제작된 것은 아닌지 의심해볼 수도 있다. 하지만 쟁점은 결국 비밀을 밝히겠다는 약속에 무게가 더 실렸으며, 이러한 비밀의 폭로는 그 비밀을 간직한 사람들이 누리던 권리를 박탈했다는 사실임이 분명하다.

이 이야기는 누군가가 다른 사람들에게 감추고자 하는 비밀이 그 자신의 행복을 위해서건, 혹은 단순한 재미를 위해서건 거의 편집증에 가까운 감정, 즉 그 비밀을 파헤치지 않고는 견딜 수 없다는 감정을 불러일으킬 수도 있다는 사실을 잘 설명해주고 있다.

아무튼 이 방송 프로그램 제작자들이 간과했던 점은 바로 마술사들의 비밀을 밝히는 것은 마술에 필요한 주문을 깨뜨리는 일과도 같다는 사실이었다. 왜냐하면 마술의 신비로움에 구멍을 내는 일은 어쩔 수 없이 마술에 대한 환상을 잃게 만들기 때문이다. 이런 경우에 마술에 대한 환상은 더 이상 작용할 수 없을 것이며 ("하나의 속임수가 있을지도 몰라"), 어쩌면 마술 그 자체가 더 이상 펼쳐질 수 없을 것이다("분명히 속임수가 있어").

지금은 각자 내면에 간직하고 있는 무척이나 소중하고 창의적인 능력, 즉 환상을 품을 수 있는 능력이 '알 권리'라는 명분하에 흥미와 재미에 맞서야하는 이상한 시대다.

비밀을 밝혀야한다고 주장할 때, 우리는 늘 그로부터 얻을 수 있는 혜택과 이득만을 생각한다. 반면 그 결과 발생할 수 있는 손실에 대해서는 생각하지 못하고 있다.

비밀이 더 많을수록 현실에 대해서 더 많은 환상을 품고 보다 창조적인 표현을 할 수 있다. 현실은 비밀을 간직하고 있어야 한다. 현실을 넘어서서 세상 속에서 보이는 것 이상의 다른 것을 굳이 밝혀내려고 애쓰지 마라.

세상에 대해 환상을 품을 수 있는 능력은 심리 발달의 기초가 된다. 우리는 환상을 품기도 하고 실망하기도 하면서 현실을 적절히 이해하게 될 뿐만 아니라, 현실을 변화시키고 개선할 수 있다는 희망을 품게 된다.

하지만 이러한 능력은 깨지기 쉬운 것이다. 그리고 이러한 능력을 잃게 된다면, 우리는 꼼짝할 수 없는 현실, 도저히 극복할 수 없는 현실에 직면하게 된다.

환상에 빠져든다는 것은 나약하다는 신호가 아니다. 그와는 반대로 환상은 현실을 즐길 수 있게 해주고, 각자의 방식대로 현실을 바꿀 수 있게 해준다. 마치 자신만의 방식으로 놀이를 즐기는 아이처럼 말이다. 마술은 우리 자신이 조물주가 되어 세상을 변화시키고, 더 큰 행복을 누리려는 우리의 태도를 대변하고 있다.

이러한 관점에서 볼 때, 비밀을 포기한다는 것은 일종의 퇴보라고 생각할 수도 있다. 또한 늘 신비로움을 간직하고 있는 비이성적인 세상에 대한 두려움이라고 볼 수도 있다. 막스 베버Max

Weber의 뒤를 이은 마르셀 고셰Marcel Gauchet[2]는 투명성에 대한 집착을 '세상에 대한 환멸'로 설명한다. 그의 설명처럼 이상이 무너지고 유토피아가 파괴된 후에 모든 것은 다시 만들어져야 하는 상태로 남아 있었다. 이것은 세상을 다시 만들 수 있는 도구, 다시 말해서 환상을 품을 수 있는 능력과 자아를 실현할 수 있게 해주는 공간, 즉 비밀의 공간을 희생시키지 않는다는 조건하에서 가능하다.

전체주의*적 사고의 한계는 항상 불분명하다. 전체주의적 사고는 가장 이상적인 세상을 유토피아로 간주하고, 이 유토피아를 위해서 모든 개인적 자유, 모든 비밀의 공간을 희생시킨다. 환상, 속임수, 사기 사이에는 꿈과 악몽의 경우처럼 간발의 차이만이 있을 뿐이라는 것이다.

하지만 살아가는 데 환상은 반드시 필요하고, 비밀은 그러한 환상을 보호해주는 역할을 한다. 비밀을 밝히면 우리는 사실상 환상을 잃게 되고, 현실에 내재한 폭력에 직면할 수밖에 없다. 최악의 경우에 이와 같은 비밀의 폭로는 다른 현실을 꿈꿀 수 있는 능력을 잃어버리게 만들 수도 있다.

서구적 전통에서 남자는 비밀을 깨뜨린 후에 낙원에서 추방당하고 세상의 '현실'에 부딪혀야만 했다. 신학적 혹은 은유적 관

---

* 개인의 모든 활동은 민족, 국가와 같은 전체를 위해서만 존재한다는 이념 아래 개인의 자유를 억압하는 사상. 이탈리아의 파시즘과 독일의 나치즘이 대표적이다.

점에서, 한 가지 의문이 영원히 남는다. '이브는 왜 발설했을까? 이브는 왜 뱀의 속삭임을 혼자 간직하지 않았을까? 이브는 왜 '뱀이 가르쳐준 사실'을 사랑하는 사람에게 털어놓았을까?'

여기서도 하나의 새로운 사실(선악과)을 둘러싼 비밀(속삭임)이 개입돼 있다. 이 비밀을 밝힌 결과 인간은 땅 위로 추방당했고, 자신의 생계를 책임지기 위해서 일을 해야 했으며 선과 악을 구분할 필요가 생겼다. 몇몇 전통에서는 이 사건을 인간 존재가 근본적으로 더럽혀지게 된 저주로 간주하기도 하고, 또 다른 전통에서는 인간으로 하여금 신을 섬기도록 만든 계기가 된 축복으로 간주하기도 한다.

이처럼 태초부터 비밀 폭로의 결과는 저주가 될 수도 있고 축복이 될 수도 있었다. 모든 것은 지배할 수 있는 비밀인지 혹은 감내해야만 하는 비밀인지, 비밀의 특징에 달려 있다.

이 문제는 현실을 알고 있음에도 이 세상을 견딜만한 것으로 만들 수 있는 능력과 관련이 있기 때문에 중요하다. 인간이 낙원에서 추방된 사건으로 말하고자 하는 바는 비밀의 폭로가 세상에 대한 환상을 급격히 잃어버리게 만든다는 사실이다.

알고자 하는 욕구가 때로, 인간으로 하여금 지나치게 불완전하다고 판단되도록 강요하고 있는 이 세상을 포기하게 만들 위험이 있지는 않을까? 인간 각자가 태어나면서부터 알아야만 하는 모순 중 한 가지가 바로 여기에 있다. 세상을 있는 그대로 발견하려면, 먼저 있는 그대로가 아닌 세상을 발견하고 자신이 바라는 대로 세상을 변화시킬 수 있는 환상을 간직해야만 한다.

상상, 창조성, 비밀은 아주 어린 시절부터 만들어진, 새로운 세상을 만들어낼 수 있는 도구다.

비밀의 심리학

ÉLOGE DU SECRET

"환상을 원해야만 한다는 것, 그것이 바로 비극이다."
– 니체 Nietzsche

"인생은 체스판이라는 자신의 왕국에서 말을 옮기면서 놀고 있는 아이와 같다."
– 헤라클레이토스 Heraclitos

Chapter
02

환상과 심리발달

세상을 알고 세상에 영향을 끼칠 수 있
게 해주는 수단은 인간이 살아남는 데 없어서는 안 된다. 이러한
수단을 사용하려면 스스로 환상을 만들어내는 태도, 다시 말해
현실에 내재한 욕구불만을 피하기 위해 현실을 나름대로 바꾸어
놓을 수 있는 태도가 필요하다.

이러한 관점에서 보면 아이들의 사고방식은 미래의 창조성,
그리고 현실을 견디기 위해서 세상을 변화시키는 능력의 가장 중

요한 근원 중 하나다.

　이러한 능력들을 갖추기 위해서 아이는 아주 어려서부터 자신의 생각이 진정한 마술을 부릴 수 있으며, 실제로 그러한 능력을 행사할 수 있다고 확신해야만 한다. 이러한 확신은 아이의 심리 발달 단계 초기부터 그가 성장하는 환경이나 어머니에 의해 만들어질 수 있다.

　여러 가지 분석적 이론이나 사례 등을 살펴보면 아이의 심리·정서적 발달 과정에서 사고가 어떻게 구성되는지를 더 잘 이해할 수 있을 것이다.

　태어난 지 얼마 되지 않은 아이 뿐만 아니라 태어난 지 오랜 시간이 지난 아이에게도 모든 것은 반드시 필요에 따라 마술이 될 수 있어야만 한다. 이것은 아이의 생존과 관련된 문제다.

　프로이트가 마술에 보인 깊은 관심[1] 역시 이러한 사실을 뒷받침하고 있다.

　지금부터 우리가 아기가 되었다고 잠시 상상해보자.

＊＊＊

　지금 프랑스에서는 독보적인 '젖가슴이 사라지는 마술'이 최초로 펼쳐졌다!

　나는 작은 두 손으로 박수를 치고 있다! 처음에는 힘들었지만,

이 마술은 이제 내가 가장 좋아하는 마술이 되었다.

처음에는 젖가슴이 사라졌다는 사실조차 알지 못했다. 게다가 나는 그것이 무엇인지도 몰랐다. 젖가슴도, 젖도, 나 자신도 몰랐다. 그 무렵에 나는 자고, 울고, 먹는 시간을 아주 분명하게 구분하여 사용했다. 당장 급한 일에만 온통 마음을 빼앗겼다! 젖가슴을 사라지게 하는 일, 그것은 꼭 해야 하는 일, 사느냐 죽느냐의 문제는 아니었다. 내 마음은 늘 다른 곳에 가 있었다. 나는 그런 마술을 구경할 시간이 없었으며, 심지어 직접 해볼 시간은 더욱 없었다.

시간이 지나면서 나는 젖가슴의 중요성을 조금씩 알게 되었고, 이제 '젖가슴이 사라지는 마술' 공연 시간에 너무도 익숙해져서 그 시간표를 다 외울 정도가 되었다. 그 무렵 나는 엄마가 커튼 뒤에서 마술을 조작하고 있다는 사실을 몰랐다.

마술이 시작되기 전까지 얼마나 초초하고 흥분되던지!

드디어 나타났다! 드디어 내 눈앞에 나타났다. 나는 아주 멀리서부터 천천히 나타나는 것을 더 좋아한다. 하지만 젖가슴이 사라질 때마다 나는 항상 우울해진다. 충분히 즐겼지만, 늘 우울했다.

그러던 어느 날, 나는 마술사가 바로 나라는 사실을 알게 되었다.

모든 결정권은 나에게 있었다!

나는 정말 강력하다! 나는 전지전능하며, 절대권력을 내 손에 쥐고 있다!

결국 나는 한 걸음 더 앞으로 나아갔다. 화산에서 철철 흘러나오는 믿기 힘든 유백색의 액체가 내 시야를 가득 채운다.

나는 배가 고팠다. 너무도 배가 고팠다.

하지만 전혀 예상하지 못했던 순간에, 나는 끔찍한 충격을 받았다. 또 다른 마술사가 있었던 것이다. 사실 마술사인지 주술사인지 나는 확신할 수 없었다. 하지만 다른 누군가가 분명히 존재했다. 나보다 훨씬 더 강한 누군가가 모든 것을 결정하고 나보다 훨씬 더 젖가슴을 잘 나타내고 사라지게 만들었다.

얼마나 실망스러운지!

그래서 나는 이 '다른 존재'에 대해서 한없는 증오를 품게 되었다. 그에게 복수하기 위해서, 나는 젖가슴의 형태로 나타나는 그를 물어뜯고 공격했다.

'다른 존재'보다 더 강해질 수 있는 방법을 상상하다가, 나는 내가 보다 특별한 능력, 욕망에 대해 꿈꿀 수 있는 능력을 가지고 있다는 사실을 알게 되었다.

지금 나는 내가 원하는 장소에서 원하는 순간에 젖가슴을 나타나게 할 수 있다. 여전히 배고픈 상태를 사라지게 할 수는 없지만 말이다.

물론 이 젖가슴은 다른 존재가 나타나게 하는 것과는 완전히 다른 것이다. 하지만 사람들은 모두 속아 넘어갔다.

　모든 사람들을 대표하여 내가 존재한다.

　나는 아주 좋은 관객이다. '다른 존재'가 자신의 존재를 드러내고 있는 순간에도, 그것은 이제 더 이상 전처럼 나에게 감동을 주지 못한다. 나는 다른 존재가 내가 자신의 권력을 질투한다고 생각하고 있을 것이라고 믿게 되었다. 시간이 흐르면서 나는 다른 존재에 대해 염려하는 마음이 생겨났고, 그를 점점 더 이해할 수 있게 되었다. 게다가 나는 다른 존재가 젖을 흘러내리게 하는 마술을 어떻게 부리는지 늘 궁금하기도 했다.

　시간이 흐르면서 나는 현실을 내 마음에 들도록 더욱 잘 조작하는 방법을 배우게 되었다. 게다가 이 방법은 다른 사람들, 훨씬 더 많은 다른 사람들을 행복하게 만들었다.

　나는 환상의 세계 속에서 왕이 되었다.

　나는 늘 모든 것이 지금 만들어져야 하며 미래가 나를 기다리고 있는 이 공간을 만들어준 것에 대해서 부모님에게 빚을 지고 있다.

　모든 것이 가능했던 이 순간들을 기억하라.

　마술사가 된 순간을.

　우리가 세상의 왕이었던 순간을.

***

아이들은 누구나 세상을 창조할 수 있다고 느낄 수 있어야 한다. 하지만 세상은 이미 존재하고 있다. 이것이 바로 모순이다.

위니콧Winnicott은 이러한 모순적인 공식을 중요하게 생각했다. 아이들은 누구나 자신이 태어나기 이전에 이미 존재했던 세상을 창조한다.[2] 위니콧은 이 공식을 통해서 아이가 경험해야만 하는 절대권력의 느낌의 중요성을 강조한다. 이러한 느낌은 아기의 환경, 아기의 어머니나 그 대리양육자가 아기로 하여금 아기 자신이 세상을 창조하는 신과 같다는 환상을 심어줄 수 있을 때에만 가능하다. 우리가 예로 든 아기처럼, 아기는 어느 순간에 자신이 전지전능한 마술사라고 생각할 수 있어야 한다.

이러한 환상은 음식이나 우유처럼 반드시 필요한 한 가지 조건, 즉 아기의 욕구를 채워주는 법을 알고 있는 환경 속에서만 가능하다. 따라서 환경은 아기가 필요로 하는 것을 아기가 필요로 하는 순간에 제공해줄 수 있을 정도로 '충분히 좋아야만' 한다.

하지만 이러한 환경도 처음에는 아기에게 보이지 않아야 한다. 창조적 환상을 사라지게 할 위험이 있는 지나치게 적나라한 현실은 그 모습을 드러내지 않아야 하는 것이다.

이런 관점에서 위니콧의 모순은 다음과 같이 정리할 수 있다. "모든 아이들은 창조의 비밀을 알지 못한 채 자신이 세상을 창조할 수 있다고 믿을 수 있어야만 한다."

이 마술의 비밀은 분명히, 아이가 태어나기 이전에 세상은 이미 만들어져 있으며 아이는 자신을 보호해주는 환경 덕분에 오직 견뎌낼 만한 현실, 참아낼 만한 현실만을 보게 된다는 사실 속에 있다. 하지만 어린 아이들은 이러한 사실을 처음에는 몰라야 한다. 세상의 현실에 대한 비밀은 아이가 너무 갑자기 혹은 너무 일찍 세상의 현실에 노출되지 않도록 잘 지켜져야만 한다.

이것이 바로 아이 인생의 첫 번째 비밀이다. 아이의 어머니나 대리양육자가 함께 나누는 비밀이다. 아이가 자신을 보호해주는 품 안에서 평화롭게 잠들기 위해서는 아이 자신이 그 비밀을 몰라야 한다. 아이가 견디기 힘들어 할지도 모르는 현실 속에서 아이를 깨우는 것을 조금이라도 늦추어야 한다는 근심 어린 생각과 걱정으로 가득한 품 안에서 말이다.

이러한 첫 번째 비밀은 아이에게 영양분을 제공해주는 우유와 마찬가지로 아이에게 치명적이다. 여전히 보이지 않는 세상이 아이를 사랑해주고, 달래주고, 안아주고, 먹여주지만, 아이는 그 세상을 의식하지 못한다. 아주 가까운 곳에 늘 존재하고 있는 현실을 아이는 보지 못하는 것이다. 아이의 욕구 충족은 아이가 알지 못하는 사이에 이루어진다.

아이는 좌절감을 느껴본 적이 없기 때문에 젖가슴이나 세상에 대해서 의식하지 못한다. 그 결과 아이는 자신의 본질적인 욕구들이 정확하게 예측되고 충족되는 한 배고픔 혹은 세상의 현실에 대해서 아무 것도 인식하지 못한다. 아이에게 그 자신과 세상 사이에는 아무런 차이가 없다. 아이는 이러한 안전한 환경 덕분에 삶에 대한 절박성 외에 다른 절박성을 느끼지 못한다.

삶이 시작될 무렵에 아기는 아직 음식물을 충분히 기다릴 수 있는 능력이 없다. 아기는 말을 하지 못한다. 아기의 언어는 단지 감각적, 감정적, 육체적으로 이루어질 뿐이다. 눈물을 흘리고 온몸으로 고통을 토해내면서 아기는 울부짖는다. 아기는 배고픔이 자신을 괴롭히고 있다는 사실조차 모른 채, 단지 그 느낌을 결핍, 고통으로 받아들일 뿐이다. 세상이 펼쳐놓은 이러한 '현실의 경험'에 직면한 아이의 고통과 불안은 우리의 상상을 초월한다.

아기가 배고픔을 생존에 대한 위협으로 받아들이도록 내버려 두어서는 안 된다. 만일 환상을 심어줄 수 있는 환경이 없다는 이유로 아기가 너무 이른 시기에 '객관적'인 현실에 직면한다면, 그 아기는 너무 일찍부터 외부 환경의 변화에 직접 참여하고 스스로 예측해야만 한다. 외부의 세상을 단지 보이는 그대로 바라보고, 인식하고, 예측하는 아기는 나중에는 행복이 아닌 불안과 위협으로 세상을 살아가게 된다.

아기는 자신에게 부족한 것에 대한 고통스럽고 육체적인 경험을 통해서 세상과 자신의 육체적 현실을 발견하게 된다. 하지만 이러한 고통은 자신의 환경에 대한 신뢰도와 규칙성, 일관성을 탐험하고 경험하는 근원이 된다. 아기는 서서히 환경의 존재에 대해서 의식하게 될 뿐만 아니라 그 질을 의식하게 된다. 최상의 경우에 환경은 아기를 편안하게 해주지만, 최악의 경우에 환경은 일관성이 없거나 불안정하다.

아기는 혼자서 자신의 위치를 정하거나 자신이 경험하는 즐거운 경험(젖가슴) 혹은 불쾌한 경험(젖가슴의 부재)의 원인을 알아내지 못한다. 아기는 또한 자신이 경험하고 있는 것이 자신에게서 비롯된 것인지, 세상에서 비롯된 것인지를 구분하지 못한다. 왜냐하면 아기는 여전히 이 두 가지 총체 사이의 명확한 경계를 만들지 못하기 때문이다. 게다가 아기는 여전히 이러한 경험의 의미를 마음속으로 생각해보는 능력, 다시 말해서 심리적 도구나 사고의 도구[3], 다양한 감정들을 만들어가는 과정에 있기 때문이다.

한동안 '사람들은 아기를 돌봐주고 아기 대신 생각해준다.' 아기에게는 '해석 능력'을 가진 사람이 필요하다. 고통에 찬 아기의 울음을 해석해낼 수 있고, 그에 따른 조치를 취해줄 수 있는 사람 말이다. 아기의 어머니는 아기의 울음소리를 걱정하면서 시계를 쳐다보고 아기가 배고파한다는 사실을 이해한다. 그녀는 분주히 움직여서 우유를 준비하고 아기에게 젖병을 물린다. 아기는 우유를 먹고 위안을 얻으며 더 이상 불편해하지 않는다. 이로써 아기의 고통은 사라진다.

그 순간 아이 어머니의 해석은 적절했다.

젖먹이를 진정시키기 위해서 어머니 혹은 이러한 모성적 기능을 책임질 수 있는 사람이 아기의 울음이 배고픔으로 인한 울음이라는 사실을 제대로 해석하고, 아기가 좌절감을 느끼지 않도록 짧은 시간 내에 젖병을 준비해서 아기에게 물려야 한다. 이 일은 또한 어머니 자신이 아기의 고통을 이해할 수 없다는 사실 때문에 좌절하지 않을 때에 가능하다.

아기가 허기로 인해 느낄 수 있는 죽음에 대한 불안은 어머니의 공감 어린 이해 덕분에 사라진다. 이것 역시 환경의 혜택이라고 할 수 있다.

어머니는 '견딜 수 없는 것을 견딜 수 있는 것'으로 만드는 방법을 이해하고 행동으로 옮긴다. 아기는 이러한 감정적인 경험을 추억으로 영원히 간직한다. 위로나 기쁨의 경험뿐만 아니라 불안이나 고뇌의 경험 역시 영원히 간직한다. 엄마는 아기가 느끼는 고통에 의미를 부여한다. 즉 아기가 느끼는 감정적 경험에 의미를 부여하는 것이다. 아기가 간직하고 있는 추억의 흔적은 그의 첫 번째 환경을 매개로 세상과 연결된다.

프로이트 학파의 가장 뛰어난 심리분석가 중 한 사람인 W. R. 비온 W.R. Bion (1897-1797)에 의하면, 감정적인 경험은 다른 사람과 관계를 맺고 세상을 알 수 있게 해주는 문을 열어주는 기능을 한다고 한다. 아이로서 견디기 힘든 현실을 처음으로 '여과' 해주는 이와 같은 기능은 아이에게 반드시 필요하며, 동시에 아이의 심리적 미래 구조를 결정짓기도 한다. 이처럼 아이와 현실 사이를 해석해주고 극적 요소를 제거해주는 여과 장치가 없다면 아이는 존재할 수 없을 것이다.

서서히 아이는 사고를 하게 된다. 콕토Cocteau*가 말했던 것처럼 '자신에게 일어나는 사건들의 주최자'가 되는 것이다. 아이는 그 자신이 자신을 중심으로 끊임없이 움직이는 만화영화의 작가라고 상상할 수 있어야 한다. 아이는 오직 그 자신이 우유나 젖가슴을 나타나게 할 수 있으며, 스스로 위안을 얻을 수 있다고 생각한다. 그러한 사실을 알지도 못한 채, 아이는 마술사가 된 것이다.

엄마가 그녀 자신과 아기와의 사이에 정서적 거리를 두는 경우에, 아기는 불안감을 있는 그대로 간직하게 된다. 엄마는 아기로 하여금 혼자서 배고픔의 경험, 죽을지도 모른다는 두려움에 직면하도록 내버려둔다. 그럴 경우에 아기의 불안은 끝없는 고통의 참을 수 없는 경험, 즉 '공포'가 된다. 그리고 참을 수 없는 것은 영원히 참을 수 없는 것으로 남게 될 것이다. 만일 이러한 경험이 계속 반복된다면, 세상을 보는 아기의 관점은 크게 바뀔 수밖에 없다.

* 프랑스의 시인이자 작가, 배우, 영화감독, 화가. 예술원 회원을 지냈으며, 시, 소설, 영화, 비평 등 여러 방면에서 크게 활약했다.

아이는 위축된 태도로 자신에게 지나치게 위험하다고 판단되는 세상으로부터 더 이상 고통받지 않기 위해서 자신만의 세계 속으로 파고들게 된다. 아이의 눈은 다른 사람들의 시선을 피하게 되고, 오랫동안 허공을 맴돌게 된다. 누구든지 무엇이든지 아이의 흥미나 호기심을 자극하지 못한다. 마치 아이가 인간 세상을 포기하고 내면의 꿈속에 잠겨 있는 것처럼 말이다.

때로 아이는 삶에 대해서 아무런 것도 기대하지 않은 채 성장한다. 그의 불안이나 두려움은 그 누구로부터도 이해받지 못한다. 따라서 그러한 감정은 즐거운 경험으로 변형될 수 있는 기회를 갖지 못한다. 미래를 계획하기 위해서 현재에 쏟아 붓는 노력도 그에게는 아무런 의미가 없다. 세상은 그에게 더 나아질 수 있을 것이라는 희망에 대한 구체적인 증거를 제시해주지 못한다.

그 다음 순간, 점점 더 불안정해지는 환경에 대한 실망감이 커져갈수록 아이는 스스로 전지전능하다는 환상을 서서히 잃어가게 된다.

그리고 시간이 흐르면서 엄마는 어쩔 수 없이 아이를 실망시킬 수밖에 없고, 따라서 아이로 하여금 현실에 대한 기대치를 낮추게 만든다. 아이는 서서히 객관적인 현실을 알아가게 되고, 현실이 오직 자신에게 달려 있지 않다는 사실을 이해하게 된다.

그럼에도 불구하고 아이는 심리적이고 상징적인 차원에서 승리를 유지할 수 있다. 아이는 만족스러운(심리적인 차원) 젖가슴(상징적인 차원)을 상상할 수 있기 때문이다. 아이는 자신에게 부족한 것을 상상하면서 생각할 수 있는 능력을 점점 더 키워가게 될 뿐만 아니라, 이러한 상상의 장면 덕분에 상상 속의 사건이 '실제로' 실현되기까지 필요한 시간을 참을 수 있게 된다.

자신이 바라는 대로 세상을 상상할 수 있는 능력 덕분에 아이는 자신의 환경을 점점 더 잘 이용할 수 있게 된다. 더불어 자신을 더 잘 표현하고, 더 잘 이해받기 위해서 울음, 웃음, 몸짓을 사용하게 된다.

아이는 상징화의 방법을 통해서 존재하지 않는 것을 즐길 수 있게 된다. 환경에 대해 독립을 이루어내는 것은 아이의 정신 구조에 반드시 필요한 일이다. 아이는 환경으로부터 독립될 때 분리된 사고를 할 수 있다는 즐거움을 맛볼 수 있다. 다시 말해서, 자신과 분리된 것으로 인식되는 모든 것에 대해서 더욱 풍요로운 사고를 할 수 있게 된다. '비밀secret'이라는 단어의 라틴어 어원 중 하나인 *secernere*는 '따로 떼어두다'⁴라는 뜻이다.

아이의 인생에 있어 두 번째 비밀은 사실상 아이로 하여금 세상에서 살아남을 수 있게 해준다. 분리된 채 비밀스럽게 말이다. 자신을 보호해주던 환경으로부터 분리되면서, 아이는 세상에 대해서 자신만의 생각을 할 수 있다는 즐거움이나 기쁨을 맛보게 된다. 아이가 자율성을 획득했다는 궁극적인 증거이기도 한 이러한 분리는 아이가 사고를 하기 위한 첫 번째 조건이자 근원이기도 하다.

분리는 관계를 내포한다. 따라서 아이가 치명적인 관계를 맺고 있는 사람이 없더라도 얼마나 잘 지낼 수 있는지를 가늠할 수 있는 분리의 질은 관계의 질에 달려 있다.

그러므로 사고란 항상 비밀, 분리, 소멸 등과 관련이 있을 수밖에 없다. 인생과 앎, 우울 역시 불가분의 관계에 있다. 태어나서 살아가는 과정은 새로운 사실을 알아가면서 상실, 우울, 향수를 경험하는 것이기도 하다.

사랑에 깊은 영향을 끼치게 되는 비밀스러운 근원은 바로 최초로 분리되었던 기억이다. 한편으로 유아기 시절의 분리 경험과 다른 한편으로 위안을 받았던 경험은 자아의 일관성을 회복할 수 있게 해준다. 그러면서 동시에 자아의 가장 깊숙한 곳에 감춰둔 비밀이 된다.

신기루에서 빠져나오기를 원한다면 각자가 반드시 찾아내야 하는 비밀이 있다. 그것은 세상에 대한 환상이나 다양한 정서적 혹은 사회적 경험을 통해서 '자신의 어머니'를 되찾는 것과는 상관이 없다. 왜냐하면 어떠한 대상도 완전한 만족을 줄 수는 없기 때문이다. 최초의 상실감은 어머니에 대한 것이 아니다. 그것은 바로 자기 자신의 일부에 대한 상실감이다.

처음부터 자아는 존재한다. 처음에는 어머니와 일시적으로 뒤섞여 있는 이중적 자아가 존재하지만, 그 후에는 개별화되고 분리된다.

어머니는 우선 아이에게 완전한 환경, 즉 그릇이 되어준다. 그런 다음에야 어머니는 아이 생각 속의 내용물이 될 수 있다. 다시 말해서 어머니는 먼저 아이가 느끼는 최초의 감정들, 감각들, 무의식적인 사고들을 담을 수 있는 장소로서 제공된 후에, 아이에게 엄마로 인식될 수 있는 것이다.[5]

따라서 아이가 어른이 된 후에 감정적 방황을 통해서 되찾아야 하는 것은 어머니가 아니라 자아의 일부, 최초의 심각한 충격이었던 분리를 경험했던 장소다.[6]

이처럼 자아는 분리로 인해서 처음으로 상처를 입게 된다. 따라서 개인은 서서히 자신의 운명을 그려가게 될 경험들을 통해서 자신이 잃어버렸던 것을 되찾겠다는 목표를 갖게 된다. 수많은 이야기와 신화들은 바로 이런 인물들의 이야기를 그리고 있다. 신화적 대상, 비밀스럽고 근접하기 힘든 대상을 찾아 헤매는 과정에서 주인공은 그 대상에 도달하기 위해서 부딪혀야만 하는 시련들을 겪으며 변화하게 된다. 몇몇 이야기 속에서 주인공이 갈망하는 대상은 결국 하찮은 것으로 밝혀지기도 한다. 게다가 그것은 주인공이 상상했던 곳에 있지 않았다. 결국 주인공이 탐색을 통해서 얻게 된 결실은 탐색의 대상이 아니라 탐색의 과정 속에 있었다. 주인공을 풍요롭게 만들어준 것은 탐색의 대상 그 자체가 아니라 탐색의 경험을 통한 자아의 변화와 성장이었다.

운명은 원초적 자아를 찾아가는 탐색의 과정이라고 할 수 있다. 최초의 심리적 움직임과 동일한 움직임 속에서 세상을 만들고, 환상을 품고, 실망을 하고, 다시 세상을 만드는 과정은 끊임없이 반복된다. 때로 이러한 움직임은 심리 구조 내에서 동일한 체험, 세상에 대해서 동일한 관계를 병적으로 반복하게 되는 원동력에 의해서 중단되기도 한다.

인생의 불쾌한 경험이 반복되는 것을 심리분석적 용어로 말하면 '운명의 노이로제' 정도가 되지 않을까? 주인공이 스스로 그 희생양이라고 느끼는 운명, 일종의 '치명적 운명' 말이다.

"내가 만난 모든 사람들이 왜 항상 나에게 폭력적이고, 나를 이용하고, 그런 다음에 나를 떠나게 되는지 나는 그 이유를 이해할 수가 없어요." 치료 초기에 환자들은 종종 이런 의문을 품곤한다. 또 다른 환자는 깊고 지속적인 관계를 경험할 수 없는 자신의 무능함을 토로하기도 한다. "새로운 여자와 만나게 되면 처음부터 나는 조심스럽게 이미 결말을 준비하게 됩니다. 그녀에게 우리의 관계를 끝낼 수밖에 없는 온갖 이유를 대면서 말입니다." 또 다른 남자 역시 늘 비슷한 경험을 한다고 했다. "매번 같은 이야기입니다. 저는 새로운 회사에서 일을 시작합니다. 일은 아주 즐거워요. 그래서 승진도 하게 되죠. 하지만 저는 곧 사장과 충돌하게 되고, 사장은 저를 해고합니다."

한 가지 시나리오가 끝없이 반복되는 경우에 주도권은 그 당사자의 손에 있지 않다. 그는 운명이 자신을 악착같이 따라오고 있으며 '세상은 불공평하다'고 생각하면서, 이러한 시나리오를 고쳐 쓸 수 없다고 믿게 된다.

그는 환상, 즉 현실에 영향을 끼칠 수 있으며 자신의 운명을 변화시킬 수 있는 능력에 대한 신념을 잃어버린 것이다.

아이는 성장하고 변화한다. 아이는 언어를 통해서 자신의 사고를 즐길 수 있게 된다. 더불어 아이는 스스로 세상을 견디어내고 변화시킬 수 있다는 사실을 빠르게 이해하게 된다. 젖가슴이 사라지는 것을 참아내기 위해서 젖가슴으로 놀이를 했던 것과 같은 방식으로, 아이는 언어에 대한 환상을 가지고 언어를 즐기게 된다. 말장난, 이야기, 소설, 역할놀이, 거짓말, 비밀 등을 통해서 말이다.

아이가 처음으로 내뱉게 되는 거짓말은 '믿게 만드는' 능력에 있어서 첫발을 내딛는 것을 뜻한다. 처음으로 아이가 자신들에게 거짓말을 하거나 무언가를 감추고 있다는 사실을 알게 되었을 때, 부모는 무척이나 놀라게 된다.

두세 살 정도가 되면, 아이는 말놀이를 시작하게 된다. 그러한 놀이를 통해서 아이는 다른 사람들에 대한 독립성을 점점 더 확보하게 된다. 처음으로 거짓말을 하게 되기까지, 아이는 부모가 무한한 능력, 심지어 자신의 생각을 읽어낼 수 있는 능력을 가지고 있다고 생각한다. 아이는 자신의 부모가 그 모든 것, 자신의 가장 은밀한 속마음까지 모두 알고 있다고 생각한다. "어떻게 알았어요?" 아이가 질문한다. "이 새끼손가락이 내게 다 말해주었단다." 부모가 대답한다. 아이의 관점에서 볼 때, 부모가 자신의 거짓말을 믿을 수도 있다는 사실은 부모의 전지전능한 능력에 결정적인 일격을 가하는 것과 같다.

프로이트에 의하면 첫 번째 거짓말은 아이의 첫 번째 비밀이 된다. 그것은 아이가 개별화될 수 있는 능력, 스스로 비밀을 만들어낼 수 있는 능력, '비밀'이라는 단어의 어근을 빌어서 다시 설명하면, 그 자신만이 알고 있는 생각을 만들어냄으로써 부모의 생각으로부터 스스로 분리될 수 있는 능력이 있다는 사실을 증명해준다.

이것은 사고의 첫 번째 모순 중의 하나다. 자기 자신만의 생각을 찾아내고, 자신의 자아를 만들어내기 위해서, 아이는 다른 사람들에게 자신의 생각을 감출 필요가 있다. 그런 다음에야 아이는 '자신을 숨기지 않을' 수 있게 된다.

우리가 다른 사람들에게 말하지 않는 비밀은 시선을 자아, 즉 자신의 내면으로 돌리게 한다. 이것은 비밀의 첫 번째 기능들 중 하나인데, 다른 사람들의 시선을 피해 자아의 형성을 돕는 보호 장치이자 그 자신의 생각을 조작하면서 아이로 하여금 기쁨을 느끼게 해주는 근원이 된다.

아이의 경우에 말과 비밀놀이는 끊임없이 뒤섞인다. 따라서 아이는 오직 형제나 자매만이 이해할 수 있는 자신만의 비밀 언어를 만들어내게 되는 것이다. 한 어른이 치료 도중 여덟 살 때 어느 휴양지로 휴가를 가 있는 동안 그 자신이 하나의 언어를 어떻게 만들어냈는지를 들려주면서 이러한 사실을 잘 설명했다.

"그 여자아이는 나와 같은 나이였어요. 우리는 그 아이의 집 근처에 있는 나무 위로 기어 올라갔어요. 그곳에서 우리는 우리끼리만 알아들을 수 있는 단어들을 만들어냈죠. 어른들은 전혀 이해하지 못했어요. 우리는 그런 모습이 재미있었어요. 그 사실을 알지는 못했지만, 비밀 언어는 우리를 더욱 가깝게 느끼게 만들어주었어요. 우리가 경험하지 못했던 키스를 나눈 것보다 훨씬 더 말입니다."

아이들끼리의 비밀 언어는 어른들끼리의 사랑의 언어와 같다.

말로 할 수 없었기 때문에 발설하지 않았던 비밀을 성인이 되어서 사랑하는 사람과 나눈다는 것은 늘 육체적·성적 경험 이상의 친밀감을 느낄 수 있게 해준다. 그것이 보다 강력한 심리적 친밀감을 만들어낼 수 있게 해주는 것이다. 각자의 자아는 이 은밀하게 나누는 친밀감 속에서 타인 혹은 타인과의 차이를 받아들임으로써 더욱 커지게 된다. 그것은 최상의 경우에 다른 사람들을 더 잘 이해하고, 깊은 불안감을 함께 나누고, 불안감을 진정시키기 위해서 꼭 필요한 조건이다. 하지만 때로 개인에게 있어서 사랑하는 사람과 자신의 비밀을 나눈다는 것은 감추어두었던 자신을 드러냄으로써 친밀함을 위기에 처하게 할 우려가 있다.

아기, 그 다음으로 아이의 첫 번째 환경은 그가 미래에 세상에 대한 시야와 지식을 발전시키는 데 있어서 꼭 필요한 것이다. 사라 코프만Sarah Kofman이 강조했던 것처럼 말이다. "프로이트와 마찬가지로 니체에게 있어서, 세상은 단지 우연과 필요에 따라 움직이는 순진한 아이의 놀이와도 같다. 진정한 기술은 무관심, 고통, 즐거움 속에서 영원히 '창조'와 '파괴'를 반복할 수 있는 기술이다."

이러한 과정 속에서 개인은 사물이나 세상에 대한 자기 자신만의 의미를 만들어낼 수 있는 능력을 습득하게 된다. 이제 더 이상 모든 책임은 환경의 탓으로 돌려지지 않는다. 자신의 운명, 자신의 이야기를 선택하는 것은 그 자신의 자아에 달려 있다.

환경이 이러한 역할을 충족시킬 수는 없으며, 아이로 하여금 세상과 어울릴 수 없게 할 때, 상상과 상징에 의해 만들어진 환경 구조는 변화를 겪게 된다. 현실은 늘 있는 그대로 경험될 위험이 있다. 불가능하고, 견딜 수 없고, 쓸모없는 것으로 말이다. 때로 자신의 환경으로부터 분리하여 생각할 수 있는 아이의 능력이 전혀 인정받지 못할 때, 아이는 현실에서 영원히 극복할 수 없으며 끝없이 반복되는 부모와의 관계를 경험할 수 있다. 그때부터 공격성은 파괴적이고 가해적인 현실의 폭력에 맞서기 위한 가장 좋은 해결책으로 여겨질 수도 있다.

더 이상 어떤 비밀도 감추고 있지 않은 현실은 어떤 환상도, 어떤 미래도 담고 있지 않다.

"모든 것에 비밀을 섞어두어라. 그 비밀이 깊은 존경을 일으킬 수 있다."
- 그라시안Balthasar Gracian

"타인에게 비밀을 지키게 하려면 먼저 자기 자신이 지켜야 한다."
- 세네카Lucius Annaeus Senaca

Chapter
03

환상이 없는 아이

아홉 살 난 로메오는 엄마와 함께 학교
와 집에서 보이는 심각한 행동장애 문제로 상담실을 찾아왔다.
로메오의 엄마는 큰 통신 회사에서 일하면서 부유한 환경 속에
서 살고 있었고, 그녀의 남편은 직장에서 영업부장직을 맡고 있
었다.

잠시 후 정성 들여서 꾸민 듯한 엄마의 외모와 대조를 이루는
아이의 허술한 차림새가 내 눈에 띄었다. 나도 모르는 사이에 나

는 이 엄마가 아이를 위해서 이곳까지 오기는 했지만, 아이를 돌보는 데 문제가 있다고 생각하게 되었다.

아이 엄마가 아이의 문제에 접근하는 동안 처음 내 눈에 띄었던 극명한 대조는 더욱 뚜렷해져 갔다. 아이 엄마는 아이의 문제에 대해서 마치 남의 일인 양 지나치게 객관적이고 서술적으로 설명했다. 엄마는 아이를 '선생님에게나 부모에게 늘 공격적'이라고 설명했으며, 아이가 '늘 소리를 지르고 화를 낸다'고 말했다. 아이는 어린 나이에도 불구하고 이미 학교를 세 번이나 옮겨 다녀야 했다. 세 번의 전학 모두 선생님과 다른 학생들에 대한 문제 행동이 원인이었다.

"이 아이는 그 무엇도, 어느 누구도 존중하지 않아요." 아이의 엄마가 나에게 말했다. 아이는 이미 여러 명의 '심리분석가'들을 만나보았지만, 그것은 아이에게 아무런 도움도 되지 못했다. 게다가 아이는 자신의 엄마가 하는 말을 자르고 도전적인 말투로 다음과 같이 말하기도 했다. "당신이 무엇을 해줄 수 있죠? 저는 아무 것도 모르겠군요."

아이의 엄마는 과장된 듯한 몸짓으로 아이를 제지했다. "저는 항상 아이의 뒤를 졸졸 따라다녀야 해요. 제가 없다면 아이는 아무 것도 기억하지 못해요. 심지어 혼자서 숙제도 하지 못하죠. 제가 없으면 이 아이는 아무 것도 못해요." 아이가 집에서 숙제를 하는 일조차 매번 제대로 진행되지 않았다. 왜냐하면 아이의 엄마는 이 '무기력한' 아이와 마주하기만 하면 화를 참을 수가 없었기 때문이다. 아이의 엄마는 '늘 지치고, 기운 빠지고, 무언가 큰 일이 생길 것만 같다'고 말했다.

아이와 엄마 사이는 분리되지 않았으며, 분리된 생각을 할 수 있는 공간도, 따라서 비밀이 자리 잡을 공간도 없었다. 아이는 단지 다른 사람들을 향한 도전과 공격을 통해서만 존재할 뿐이었다. 아이 엄마의 이야기를 통해서, 나는 엄마가 아들을 거부하고 끊임없이 괴롭히고 있었지만, 두 사람의 관계가 지나치게 밀착되어 있다는 흥미로운 사실을 알게 되었다. 아이의 엄마는 아이를 항상 감시해야 할 필요가 있다고 느끼고 있었고, 엄마의 그러한 태도가 아이에게 충분한 자율성, 엄마 없이 생각할 수 있는 공간을 주는 것을 막고 있었다.

내가 그들 관계의 이런 특징을 설명하는 동안, 그녀는 다음과 같은 말로 자신을 정당화했다. "제가 없다면 제 아들은 아무 것도 할 수 없어요."[1]

로메오와 대화를 나누는 동안 나는 이 아이가 극도로 예민하지만 나이에 비해서 지나치게 '무감각'하다는 사실을 알게 되었다. 아이는 마치 다른 사람들을 불안정한 시선으로 바라보면서 '다루기 힘든 아이'라는 역할 속에 파묻혀 있기 위해 행동하는 듯했다.

아이의 지적 능력과, '소리 지르고 화를 내는' 태도로 특징지어지는 공격적이고 파괴적인 행동 역시 분명한 대조를 이루었다. 아이의 이러한 도전적인 행동은 세상에 대한 아이의 반항이었다. "당신이 무엇을 해줄 수 있죠?"

동시에 이런 행동들을 통해서 아이는 자신의 주변 사람들을 지치게 만들고, 그들로 하여금 극단적인 수단을 쓰도록 하기 위해 온갖 방법을 다 사용하고 있었다. 이러한 태도에 몰두한 나머지, 로메오는 동년배 아이들로부터 소외될 뿐 아니라 가족들로부터도 거부당한 채 점점 더 고독해져 갔다.

엄마가 없는 상태에서 대화를 나누던 중에 나는 이 아이가 자신의 문제에 대해서 아무런 생각이 없다는 사실에 놀랐다. 아이는 단지 사실적인 이야기들만을 늘어놓을 뿐이었다. 그는 자신의 미래에 대해서는 전혀 걱정하지 않았다. "나쁜 상황에는 엄마가 항상 있을 거예요."

대화를 나누던 중에, 아이는 여러 차례 자신의 엄마가 언제 상담실로 돌아올 것인지를 물으며, 나에게 도발적인 행동을 하기도 했다. 어린 나이에 비해 아이가 사용하는 말투는 세상에 대한 환멸이 묻어 있었다. 나는 내가 아직 알아내지 못한 이유들로 인해서 아이가 지나치게 빨리 성장해야만 했을 것이라는 생각을 했다. 지나치게 빨리 성장하다 보면 아이는 종종 세상에 대한 모든 환상을 잃어버리고 자신의 미래에 대해 무관심해지곤 한다.

어쩌면 엄마와 맺고 있는 관계의 특징은 이와 같은 환상의 상실과 관련이 있을지도 모른다. 로메오가 태어날 때부터, 그의 엄마는 심각한 우울증을 앓고 있었다. 아주 어려서부터 로메오는 수면장애와 분리불안을 수차례 겪었다. 유치원에서, 그리고 학교에서 로메오는 늘 불안해했다. "로메오는 잠시도 가만히 있지를 못해요." 그리고 시간은 아무 것도 해결해주지 못했다. 이러한 불안증은 곧 다른 아이들에 대한 공격성을 동반했다.

이와 같은 그들 모자의 과거 이야기에 비추어볼 때, 나는 로메오와 엄마 사이의 문제가 생긴 과정을 짐작할 수 있었다. 엄마에게 로메오는 문제인 동시에 해결책이었다. 로메오의 공격적인 행동이 문제이긴 하지만 엄마가 자신의 남편에 대해서 느끼는 원망을 로메오에게 집중시키는 동안에, 엄마는 더 깊은 우울증에 빠지지 않을 수 있었고, 이로써 로메오는 문제인 동시에 해결책이기도 했다.

로메오 엄마의 우울증은 아이를 대하는 무관심한 태도, 아이에 대해 느끼는 정서적 거리감, 아이와 맺고 있는 모순적인 관계, 그리고 이야기 속에 포함되어 있는 협박("뭔가 큰일이 생기고 말 거예요.")에서 드러났다.

로메오에게 있어 엄마의 알 수 없는 태도들은 엄마가 그녀 자신 없이는 로메오 스스로 아무 것도 할 수 없다고 말하고 있었기 때문에 수치심의 근원인 동시에, 로메오 자신이 엄마에 대해서 행사하는 권력을 명백히 보여주는 증거이기도 했다.

이러한 관계는 원인과 결과가 악순환하고 있는 한 해결하기
힘들다. 만일 아들은 엄마 곁에서 엄마의 항우울제 역할을 하고
있고, 엄마는 아이를 자기 자신이 없으면 아무 것도 하지 못하는
존재라고 확신하고 있다면, 누가 누구에게 더 필요한 존재일까?

이러한 관계는 아이 입장에서뿐만 아니라 엄마 입장에서도 역
시 각자가 생각할 수 있는 공간이 없다는 특징이 있다. 로메오와
그의 엄마는 그들이 만났던 모든 심리상담가들을 그들 두 사람
사이에 끼어들려고 하는 불청객으로 받아들이면서 그들을 기피
했다. 생각할 수 있는 공간을 마련해주는 심리치료의 과정은 아
이에게 뿐만 아니라 엄마에게도 위협으로 느껴졌던 것이다.

이와 같은 태도는 로메오가 아주 어린 시절에 세상을 고통스
럽게 받아들이면서 자신을 보호하려던 욕구와 관련시켜서 이해
할 수 있다. 로메오는 너무 어린 나이에 우울증에 걸린 엄마를 감
당해야 했고, 엄마의 우울증으로 인한 감정적인 고독을 느끼지
않기 위해서 이 어린 소년은 그 자신의 생각을 외면하게 된 것이
다. 로메오의 엄마는 로메오가 태어난 후에 아이의 기본적인 필
요나 욕구를 알아맞힐 수 있는 상태가 아니었다. 이런 조건 속에
서 로메오는 자신이 세상에 대해 전지전능한 힘을 발휘할 수 있
다는 경험을 할 수 없었다.

자신이 세상에 대해 전지전능한 힘을 발휘할 수 있다는 경험
없이는 세상에 대한 환상을 품을 수 없다. 세상은 그에게 세상을

변화시킬 수 있는 '비밀' 을 전해주지 못했던 것이다.

이런 환경에서 자란 아이들은 아주 어린 시절부터 학습 능력이나 창의적 잠재력을 상실할 우려가 있다. 불안정한 주위 환경에 대해서 느낄 수밖에 없었던 상실감은 세상을 흥미롭게 즐길 수 있는 방식을 배우는 것을 차단한다. 바로 이 때문에 로메오는 너무 일찍부터 세상에 대해서 흥미를 잃은 듯한 태도를 보였던 것이다.

위니콧에 의하면, 한 아이가 자신을 위해서 엄마가 직접 음식을 준비하는 소리를 들을 때, 아이의 심리적 활동을 엿볼 수 있다고 한다. 아이는 그 소리를 들으면서 위안을 얻는다. 예측은 사고의 기본 요소들 중 하나다. 예측은 아이로 하여금 기다릴 수 있게 해준다. 아이는 다가올 미래를 예측하면서 자신의 욕구를 참을 수 있게 되는 것이다.

더 나은 세상을 예측할 수 없을 때, 아이는 세상을 변화시킬 수 있다는 상상도 할 수 없게 된다. 그리고 더 이상 환상을 품을 수 없게 된다. 따라서 아이는 세상과 거칠게 충돌할 수밖에 없다.

이처럼 환상이 없는 경우에 현실 속에서 느낄 수밖에 없는 욕구 불만은 불쾌한 세상과의 접촉을 참아내기 위해서 다른 수단을 찾게 된다. 환상의 세상 대신에 일종의 '소리를 지르고 화를 내는' 것으로 이루어진 부자연스러운 세상에 의지하게 되는 것이다.

개인적 차원에서, 아이는 거짓된 인성, 즉 '거짓자아'를 만들어낼 수도 있다. 거짓자아는 자신만의 내면세계, 혼자 생각할 수 있는 비밀의 공간에 접근할 수 없다는 사실에 대한 가장 구체적인 표현이다. 그럴 경우에 아이는 단지 행동을 통해서만 자신을 드러내게 된다. 아이는 자신의 가장 개인적이고 비밀스러운 공간에 더 이상 접근할 수 없기 때문에, 더 이상 자신에 대해서 감출 것도 없다.

거짓자아를 만들어내는 경우에 아이는 이러한 태도를 통해서 심리적으로 자신을 보호하고자 한다. 로메오의 경우에는 다루기 힘든 아이로 보이는 것이 그러한 보호 방법이었다. 그렇게 해서 아이는 다른 사람들의 시선에 완전히 의존하게 되었고, 이런 거짓된 모습으로 사람들의 관심을 끌기 위해서 온갖 행동을 다하게 된 것이다.

로메오는 아이의 몸을 하고 있었지만 아기의 상태에 머물러 있었다. 너무 오랫동안 자신의 외침을 들어주지 않았던 세상에 자신을 알리기 위해서 '소리를 지르고 화를 내는' 단계에서 멈춰버린 채로 말이다.

로메오가 자립적으로 생각할 수 있는 능력이 없다는 사실은 꽤 걱정스러운 일이었다. 숙제를 하려면 엄마에게 늘 의존해야만 한다고 느끼는 사실은 이러한 어려움을 잘 보여주고 있다. 엄마가 지금 지나치게 아이와 함께 하려고 하는 것은 예전에 함께 해주지 못한 것을 보상해주려는 행동으로 보였다. 아이가 자신을 필요로 할 때 함께 해주지 못했기 때문에, 아이의 엄마는 지금 지나칠 정도로 함께 하려 하고 있었다.

로메오는 충분히 안정된 상태가 아니어서 잠시 시간을 가지고 자신의 엄마에 대해서 차분하고 침착하게 생각해볼 수도 없었다. 로메오는 다른 사람과 함께 하는 것이나 함께 하지 않는 것에 대해서 아무런 생각도 없었다. 항상 너무 빠르거나 너무 성급하게 개입을 당해왔기 때문에, 로메오는 자신의 내면에서 현실을 즐기고 꿈꿀 수 있는 공간을 만들어낼 틈이 없었다. 꿈은 욕망과 공상의 요람이 아닐까?

어른이 지나치게 친밀한 태도로 아이가 가진 공간의 한계를 침범할 때, 아이는 자기 나름의 내면세계를 만들 수 없게 된다. 로메오가 나타냈던 조숙한 태도는 너무 어려서 부모의 심각한 갈등(이별, 이혼)이나 충격적인 사건(한쪽 부모의 갑작스러운 상실)을 겪어야 했던 다른 아이들에게서도 관찰할 수 있다.

뿐만 아니라 부모 한쪽이 심각한 심리적 질환(알코올 의존증, 마약중독, 만성우울증, 정신착란)을 앓고 있을 경우에도, 아이가 이와 같은 '거짓자아'를 만들어내는 현상을 볼 수 있다. 그럴 경우에 아이는 부모를 돌보면서 '부모의 부모'가 된다. 역할이 뒤바뀌면서, 아이들은 더 이상 아이가 아니며, 부모는 더 이상 부모가 아니다.

부모의 고통으로 인해서 현실에 발목이 묶인 채, 가족 내에 환상이 자리 잡을 공간은 사라지게 된다.

정신 질환을 앓고 있는 사람들이 질병이라는 가면 뒤에서 보여주려고 했던 것은 그 자신이 감추고 억누르려고 했던 것, 비밀로 간직할 수 없던 것들이다.

우리는 여기서 비밀의 가장 중요한 측면 중 한 가지와 그것이 내면세계와 맺고 있는 관계를 엿볼 수 있다. 비밀의 공간은 내면세계, 그리고 심지어 자기 자신에게조차 감추어져 있던 것을 보호하는 기능을 한다.

개인, 부부, 가족에게 문제가 생기게 되면, 고통받는 개인의 비밀 공간은 다른 사람들에게 노출된다. 고통의 원인과 결과를 마음속에 간직할 수 없기 때문에, 개인의 비밀은 고통과 더불어 밖으로 흘러나오게 된다. 이와 같은 상황 속에서 아이들은 자신의 인성을 형성하는 데 꼭 필요한 환상의 공간을 빼앗길 위험이 있다. 그 결과 아이들은 '거짓자아'를 자신의 인성으로 삼게 된다. 자신의 인성의 일관성을 유지하기 위한 전투를 계속하면서 말이다. 끊임없이 실망해야 했기 때문에, 아이는 아무런 문제없는 인생이라는 눈먼 속임수를 간직하고 싶어한다.

가족은 환상과 실망이 끊임없이 교차해서 일어나는 곳이다.

가족의 안정성은 가족 모두가 공유하고 있는 허구의 이야기를 바탕으로 더욱 단단해질 수 있다. 가족의 경우, 두 명의 성인과 함께 하는 두 명의 아이는 각각 부모와 그들의 아들, 딸이라는 누구도 의심할 수 없는 이야기를 근거로 한다.

이 이야기를 문제 삼게 되면, 가족은 가족의 근간이 되는 비밀 중 한 가지를 잃어버리게 된다. 무의식 차원의 가족 관계는 겉으로 드러나지 않는다는 기능 말이다.

"원시시대에는 비밀이 '사용가치'를 갖고 있었으며 인간은 그것으로써 살았다. 비밀은 생활에 무슨 일이 있어도 빼 놓을 수 없는 것이며, 그것은 사물을 알고, 차지하는 형식이었다. 왜냐하면 일체의 미신적이고 악마적인 것은 밀봉한 병에 붙인 라벨에 지나지 않기 때문이다.

그러나 오늘날처럼 우리가 참으로 많은 것을 알고 있는 시대에 비밀은 '희소가치'를 갖고 있다. 비밀이 차차 밀려나고 뜻하지 않게도 비밀이었던 것을 본질상 이해할 수 있게 되고 실제로도 알려지면 알려질수록 본래 비밀의 범위와 본질이 더욱 순수하게 나타나 다가온다."

– 게오르크 짐멜Georg Simmel

비밀의 덫:
근친상간

근친상간에서부터 은밀하게 이루어
지는 심각한 아동학대에 이르기까지 최악의 가족 재앙은 종종 자
신의 아이들을 사랑한다고 말하는 부모에 의해서 자행된다.

가족은 오직 사랑뿐이 아닌, 가족 구성원 각자가 자신의 위치
를 분명히 할 수 있는 토대를 바탕으로 탄생된다. 아이들이 무엇
보다 먼저 느껴야하는 감정은 자신이 가족 내에서 차지하는 위치

에 대한 안정감이다. 이러한 안정감을 느낄 수 있을 때 아이는 자신만의 내면세계를 만들어갈 수 있게 된다. 자신의 위치에 대한 확신은 아이에게 안정감을 주고, 이러한 안정감은 아이가 가족적인 삶에서 느낄 수 있는 온갖 정서적인 문제들, 즉 질투, 욕구, 기만, 사랑, 혐오 등을 견딜 수 있게 해준다.

하지만 심각한 문제가 발생하는 순간부터 가족은 더 이상 내면세계와 비밀을 보호해주는 곳이 되지 못한다. 각자의 역할이 뒤섞이면서 가족은 더 이상 원활하게 그 기능을 수행할 수 없게 된다.

이런 경우에 가족 구성원에게 심리적 충격을 주는 것은 '가족의 비밀'이 아니라 그와는 반대로 가족의 비밀이 자리 잡을 수 있는 공간을 만드는 것에 대한 실패, 혹은 '공포의 테러리즘'[1]에 의한 비밀 공간의 파괴다.

폭력과 학대를 당한 아이의 말은 자신을 괴롭힌 사람의 볼모가 된다. 따라서 아이의 말은 더 이상 아이가 경험하고 있는 현실을 반영하지 못하고, 아이를 공포에 떨게 하는 사람의 의지만을 나타내게 된다. 자신의 모든 내면의 공간을 빼앗겼기 때문에 아이는 어른이 내뱉는 말에 사로잡히게 되고, 자신의 의지와 상관없이 자신을 학대한 사람을 보호하려고 든다.

***

　'북유럽' 출신의 크리스티앙은 스물 다섯 살이었을 때 처음으로 애정 문제와 대인 관계 문제에 대한 치료를 시도했다.

　처음 대화를 나누는 내내, 나는 그의 이야기를 알아듣기가 꽤나 힘들었다. 그는 오랜 시간 동안 침묵을 지켰고, 시선은 허공을 맴돌았다. 상담이 계속되면서 그가 나를 찾아 온 비밀스러운 이유들이 드러나고, 그의 과거가 밝혀지기 시작했다.

　크리스티앙은 열 여덟 살에 무역학을 공부하기 위해서 파리로 '도망'을 왔다고 말했다. 그는 자신의 가족을 부유한 중산층이며 온 나라에서 인정받는 집안이라고 설명했다. 프리메이슨* 단원인 그의 아버지는 그에게 '모든 것을 가르치기 위해서' 자신의 곁에 남아서 회사를 물려받을 것을 제안했다. 하지만 성인이 된 후에 크리스티앙은 도망가는 쪽을 선택했다.

　크리스티앙은 어린 시절의 대부분을 자신의 아버지 소유인 큰 호텔 안에서 보냈다. 그는 이 건물의 수많은 방에 숨어 있는 것을 좋아했다. 이러한 숨바꼭질에 대한 기억을 떠올리는 과정에서, 그는 자신도 모르는 사이에 북유럽에 있는 쌍둥이 누이에 대해서

---

* 동포주의, 인도주의, 개인주의, 합리주의, 자유주의 이념을 바탕으로 상호친선, 사회사업, 박애사업 등을 벌이는 세계적인 민간단체. 1717년에 런던에서 결성하였으며 계몽주의 정신을 기조로 하고 있다.

처음으로 언급했다. 파리로 도망치면서, 그는 누이와의 모든 연락을 끊었다. 두 사람은 절대로 떨어질 수 없는 사이였는데도 불구하고 말이다.

직업적인 면에서 아주 뛰어난 능력을 발휘했던 크리스티앙은 애정 관계에서는 많은 문제를 드러냈다. 그는 연애 관계나 다른 대인 관계에서 깊고 지속적인 관계를 맺지 못하고 있었다. 크리스티앙은 아무런 의미도 찾을 수 없었던 자신의 삶에 대한 가장 좋은 해결책으로 심지어 자살을 고려하기도 했다.

하지만 더 어린 시절에는 그에게도 친구가 있었다. 유치원에서 사귄 가장 친한 친구였던 그 친구를 크리스티앙은 시간이 더 흐른 후에 아버지가 소유한 호텔의 수석 주방장으로 다시 만나기도 했다.

크리스티앙은 부분적인 기억 상실로 인해서 자신의 어린 시절 이야기를 중단하기도 했다. 선별적 기억 상실을 앓고 있던 그가 치료를 시작한 지 4년쯤 지난 시점에 그의 쌍둥이 누이가 자살을 하는 사건이 벌어졌다. 놀랍게도 그때부터 그의 기억은 되살아나기 시작했다. 마치 누이의 자살이 그가 어린 시절에 기억 한편에 억눌러 두었던 장면들을 일깨워준 것처럼 모든 것이 진행되었다. 결국 치료를 받는 과정에서 그는 '아버지가 목욕을 하던' 장면, 그리고 그 자신과 쌍둥이 누이가 아버지의 사무실에서 성폭행을 당하던 장면을 설명할 수 있게 되었다.

여러 차례 그는 아버지의 행동을 정당화시키려고 했다. "사실 저는 폭력적이고 공격적이고 싸우기를 좋아하는 골칫덩어리였어요." 그러면서도 한편으로 그는 자신이 '그런 짓'을 당할 만한 아이였는지 궁금해 했다. 크리스티앙은 그 누구에게도 '그런 짓'에 대해서 말한 적이 없었다. 심지어 자신의 남편이 한창 일을 벌이고 있던 중에 사무실의 문을 한번 열었던 적이 있는 자신의 어머니에게조차 말이다. 그의 어머니조차도 문을 다시 닫아버리고 남편의 음모를 밝히지 않았다.

어린 시절의 충격적인 장면을 재구성하는 일은 크리스티앙에게 많은 노력을 요구했다. 크리스티앙은 종종 긴 시간 동안 침묵을 지키곤 했다. 하지만 결국 크리스티앙은 천천히 혼란에서 빠져나왔다. 꿈속에서 그는 종종 자신의 위치와 아버지의 위치를 혼동하곤 했다. 또한 성폭행의 장면과 누이의 자살 장면이 뒤섞이기도 했다.

가장 비밀스러운 내면세계를 침범당했기 때문에 그의 어린 시절은 아무런 생각도 공상도 없는, 단지 흐릿하고 혼란스러운 기억들 속으로 사라지고 있었다. 그곳에서 빠져나오기 위해서, 그리고 말로 표현할 수 없는 것을 말하기 위해서, 그는 어떤 말도 할 수가 없었던 것이다. 그가 아무런 말도 하지 않았던 것은 자신의 아버지와 무의식적인 차원에서 맺은 일종의 비밀 협정이었다. 그에게 아버지를 배신하는 행위는 마치 그 자신을 배신하는 것과 같았다. 흡사 두 사람 사이의 경계가 사라진 것처럼 말이다. 이처럼 아버지와 자신을 따로 떼어서 생각하지 못한다는 사실은 실질적인 성행위가 있고 나서 그 일을 다시 기억해내기까지 오랜 시간이 걸린 이유를 간접적으로 설명해준다.

마침내 크리스티앙은 다시 '북유럽'으로 되돌아가서 가족들에게 모든 것을 밝히고 자신의 아버지에게 단 하나의 질문, "왜 그러셨어요?"를 던지기로 결심했다.

***

이 이야기는 어린 시절 혹은 사춘기 시절에 성폭행을 당한 사람들을 치료하는 과정에서 수차례 듣게 되는 이야기다.[2] 하지만 몇 가지 분명한 이유들로 나는 그 당사자들을 이 책에서 직접 언급할 수가 없다.

그래서 나는 잘 알려진 토마스 빈터베르그Thomas Vinterberg 감독의 영화, 「셀레브레이션The Celebration, Festern」(1998)'을 대신 소개한 것이다.

이 영화의 극본에서 크리스티앙은 처음에 가족들로 하여금 자신의 이야기를 듣게 하는 데 실패했다. 그가 자신의 이야기를 가족들로 하여금 듣게 하려면 가족 내에서 그를 도와줄 수 있는 사람이 필요했다. 이 경우 가정은 법을 다스리는 법정으로 기능하게 된다. 자신의 생각을 말로 표현하고 다른 사람들에게 전달하기 위해서, 그리고 진실이 정의를 거두기 위해서 이런 일은 꼭 필요한 일이었다.

크리스티앙이 경험했던 성폭행에 대해서 알게 된 가족들이 아버지에 대한 비난을 쏟아내는 것으로 영화가 끝나면서, 크리스티앙이 침범당한 내면세계와 그의 아버지가 죄책감을 느껴야 하는 성폭행 사이에 분명한 경계선이 그어진다. 마침내 크리스티앙의 혼란은 끝을 맺을 수 있게 된 것이다.

이 주목할 만한 영화에서 내가 유일하게 아쉬웠던 점은 마지막까지 태연하게 아침 식사를 하고 있던 어머니의 존재였다. 그의 어머니는 아무런 공모도 하지 않았으며, 아무런 죄책감도 느끼지 않는다는 듯이 그 자리에 있었다. 남편의 행위가 가족들에게 알려지는 동안에 그녀는 자신의 남편처럼 자리에서 일어나 영원히 그곳을 떠나지도 않았다. 마치 죄를 지은 사람은 자신의 남편뿐이라는 듯이 말이다. 그의 어머니가 죄책감을 느끼지 않는다는 사실과 그 자리에 참석한 사람들이 그녀를 비난하지 않는다는 사실은 별개다.

잘못을 직접 저지른 사람이 느끼는 죄책감과 잘못을 목격하고도 그에 대해 침묵을 지킨 사람이 느끼는 죄책감의 정도가 같지 않다고 하더라도, 이와 비슷한 수많은 근친상간은 주위 가족들의 능동적이거나 수동적인 공모가 없었다면 지속적으로 반복될 수 없을 것이다.

아이에 대한 성인의 성폭행은 아이로 하여금 성적 행동의 의미를 상상할 수조차 없게 만든다. 아이는 그와 관련 있는 어떠한 감정도 느낄 수 없게 된다. 왜냐하면 아이의 상상은 그 충격적인 사건에 너무 놀라서 굳어져버리기 때문이다.

성폭행을 당한 아이의 경우에는 그 유명한 '오이디푸스 콤플렉스'*도 더 이상 상징적인 차원에서나 공상적인 차원에서 진행되지 않는다. 아버지는 더 이상 가까이 갈 수 없는 아버지가 아니며, 남편의 행동 앞에서 침묵을 지킨 어머니는 더 이상 보호자의 역할을 해주는 어머니가 아니다. 이런 경험을 통해서, 아이는 더 이상 오이디푸스가 품었던 금지된 욕망들을 상상할 수 없게 되는 것이다. 이런 경험이 금지된 모든 것에 대한 욕망, 모든 생각을 사라지게 만든 것이다.

따라서 우리는 내면세계나 비밀을 잃어버리는 것이 극복할 수 없는 현실에 어떤 영향을 미치는지 생각해볼 수 있다. 근친상간에 대한 기억은 그 상상조차 할 수 없는 요소들 때문에 은폐될 수밖에 없다. 이러한 사실이 근친상간 행위에 대한 기억 상실을 설

---

* 프로이트가 정신분석학에서 쓴 용어로 그리스 신화 오이디푸스에서 비롯되었다. 프로이트의 성발달이론은 개체에 따라 달리 나타나며, 구순기, 항문기, 남근기를 차례로 거치게 된다. 아이는 무력하다. 그 아이에게 어머니는 무조건적인 사랑을 베풀게 된다. 이기적인 아이는 자신에게 이익이 되는 어머니에게 집착하게 된다. 이 과정에서 어머니를 소유하고 있는 아버지와 불화하게 되지만, 결국 아버지를 이길 수 없다는 사실을 알고 오이디푸스 증후군은 해소되며, 아버지가 내면화되어 초자아를 형성하게 된다. 이 과정을 '오이디푸스 콤플렉스'라고 일컫는다.

명해줄 수 있을 것이다.

우리의 심리구조는 근친상간이라는 사건을 극복하기 위해서 사고, 지성, 이성 등의 능력을 사용하기 때문에, 근친상간은 우리 심리구조에 꽤 오랫동안 은밀하게 영향을 끼치게 된다. 근친상간의 바탕이 되었던 기만이 그 후로도 꽤 오랫동안 아이에게 영향을 끼치는 것과 마찬가지로 말이다. 이러한 어른들의 기만은 아이가 어른들의 세상을 이해하는 데 근거가 되는 기준을 뒤흔들어 놓는다.

사실상 근친상간은 사고의 밑바탕에서 근친상간에 맞서 싸우고, 그것을 고발하고, 극복할 수 있게 해주는 무기들을 엉망으로 만들어놓는다. 자신만의 비밀 공간이 없어져버렸기 때문에 그 끔찍한 행위에 대해서 생각할 수도 없고, 따라서 말을 할 수도 없게 되는 것이다. 오이디푸스적인 욕구는 생각이나 공상에 머물지 않고 현실이 되어서, 아이의 생각이나 공상을 위험하게 만드는 충격적인 영향력을 발휘하게 된다. 이처럼 근친상간은 사고를 무력하게 만드는 기능을 하게 된다.[3]

이제 공상은 더 이상 공상이 아니라, 개인에 대한 실질적인 위협이 된다. 이처럼 공상의 기능을 상실하게 만듦으로써 근친상간은 환상의 기초, 사고의 근원, 존재의 근원을 공격하게 된다. 다시 말하면, 자아를 공격하는 것이다.

존재의 비밀은 파괴되고 그 자격을 박탈당한 채로 개인 밖으로 내몰린다. 더 이상 비밀도 욕망도 존재 그 자체도 존재할 수 없게 된다. 비밀의 보호 기능은 실패하게 된 것이다. 비밀이 들어설 공간은 더 이상 존재하지 않는다. 다시 말해서 개인은 더 이상 자신만의 은밀한 생각을 할 수 없게 된 것이다. 현실에 직면하기 위해서 자신의 생각을 정리할 수 있는 공간은 사라져버렸다.

따라서 여기서 그의 존재의 비밀 혹은 내면세계의 비밀이 그 개인에 대한 존중과 어떤 관계가 있는지 살펴볼 필요가 있다. 자신의 내면세계를 침범당하고 존재의 비밀을 잃어버린 사람은 더 이상 자기 자신을 돌아볼 수 없게 된다. 그는 자신을 보호할 수도, 당당하게 '아니오'라고 말할 수도 없는 상처받기 쉬운 존재가 되는 것이다. 그는 더 이상 아무 것도 아니다.[4] 우리가 더 이상 아무 것도 아닌 존재가 될 때, 우리는 더 이상 그 무엇도 가질 수 없다.

그 자신만의 내면세계가 갑자기 '가족 문제'가 되고, 사회 문제가 되고, 때로 법적 문제가 된다. 오이디푸스적 욕망과 그 욕망의 실현 사이에 감추어져 있던 관계가 밝혀지고, 아이도 그 사실을 분명히 의식하게 된다. 아이의 침범 당한 내면세계의 비밀이 온 세상에 밝혀지면서, 아이는 또다시 상처를 입게 된다.

(크리스티앙이 생각해본 적이 있으며, 그의 누이가 실행에 옮겼던) 자살은 종종 이처럼 자신의 인생 혹은 자신의 생각을 빼앗겼다는 느낌에서 비롯될 수 있다. 자신의 죽음을 주도할 수 있는 것

이 자신의 인생의 주도권을 되찾을 수 있는 유일한 수단이라도 된다는 듯이 말이다.

재판관이나 심리분석가, 심리학자들은 성적 학대를 받은 아이의 말을 믿기 힘들어한다. 이런 상황에 있는 아이들 역시 더 이상 정의가 추구하는 '진실'에 접근할 수가 없다. 자신의 내면세계가 어른들로부터 침범당하고, 자신만의 비밀의 정원이 어른들의 발에 짓밟혔기 때문에 아이는 더 이상 존재할 수 있는 토대, 혹은 자신을 차분하게 표현할 수 있는 토대를 갖지 못하게 된 것이다.

뿐만 아니라 정의를 실현하기 위해서 아이로 하여금 말하게 해야 한다는 어른들의 의무감은 아이가 흥미를 되찾거나 내면세계를 회복하게 하는 과정에 아무런 도움도 되지 않는다. 아이는 자신이 사용할 수 있는 유일한 무기인 침묵이나 부정("아무 일도 없었어요.")이라는 방법을 사용하거나, 혹은 우트로Outreau 사건*의 경우처럼 이야기를 마구 꾸며내 어른들이 또다시 자신의 세상에 침입하는 것을 막으려고 한다. 그렇다고 해서 아이들이 거짓말을 하는 것은 아니다. 아이들은 심리적 진실을 말한다. 자신이 받아들이고 이해할 수 있는 세상을 가장 잘 보호해줄 수 있는 심리적인 진실을 말하는 것이다. 하지만 '아이로 하여금 세상을 살

---

* 프랑스의 검찰과 사법부가 증거 없이 "성폭행당했다"는 어린 아이와 그 엄마의 증언만으로 죄 없는 사람에게 유죄를 선고했던 사건이다. 물증이 없는 상황에서 이 사건이 유죄로 흘러갈 수 있었던 결정적인 한 가지 원인은 정신분석가의 보고서 때문이었다. 그 정신분석가가 어린 소녀의 환상을 사실로 기록함으로 인해서 유죄 판결의 결정적 근거가 되었다.

아갈 수 있게 해주는 심리적 진실'은 종종 실제 현실과 꽤 거리가 있다.

자신의 육체를 강간당했을 때, 아이의 상처받은 정신 구조는 가장 은밀한 존재를 그 누구도 접근할 수 없는 곳으로 밀어 넣는다. 이럴 경우에 아이의 비밀의 공간, 말을 하거나 말을 하지 않을 자유를 느낄 수 있는 공간을 다시 만드는 데는 꽤 오랜 시간이 걸릴 수 있다. 따라서 잊고 있던 장면을 의식 속으로 회복해 이 일이 근친상간과 관련이 있다는 사실을 깨닫기까지도 꽤 오랜 시간이 걸리게 된다.[5]

아이에게 자신이 경험한 것을 모두 말하라고 요구하는 것은 쓸모없는 일이며, 심지어 아이에게 새로운 '심리적 강간' 행위로 작용할 수 있다. 분노, 증오, 복수심을 불러일으켜서 아이를 죄책감에서 벗어나게 하고, 무죄를 증명하려는 시도 또한 아이의 정체성에 적합한 감정을 박탈할 수 있다. "죄책감은 실제로 내면의 울림이다. 죄책감을 느끼면서 아이는 자신의 총체성을 유지하고 스스로 자신의 운명에 영향을 끼칠 수 있다는 느낌을 간직한다."[6]

근친상간은 종종 학업에 영향을 끼치기도 한다. 이러한 현상은 그 사건에 대한 심각한 충격이 사고에 끼친 영향력과 관련이 있다. 간혹 이와는 반대로 지나치게 뛰어난 지적 능력을 보이는 아이들도 있다. 그런 아이들은 학업이나 직업에서 뛰어난 성과를 보인다. 크리스티앙의 경우가 그러했다. 그러나 크리스티앙이 받았던 심리적 충격은 애정 관계로 옮겨가서 그로 하여금 사랑하는 사람과 지속적인 관계를 맺을 수 없게 만들었다.

아이들에게 근친상간이 내포하는 바를 생각할 수 없게 하기 때문에, 근친상간은 저항할 수 있는 능력을 모두 차단할 수 있다. 이럴 경우 아이들은 자신의 영혼을 침범한 사람과 공모자가 될 수 있다. 자신을 공격한 사람을 보호함으로써 아이는 자기 자신을 보호하려고 든다. 왜냐하면 두 사람 사이의 경계가 허물어졌기 때문이다. 성폭행을 당하고 학대를 받은 수많은 아이들이 자신의 부모를 사랑한다고 말하고 있다. 베르거Berger[7]는 아이들이 자신을 학대한 부모에 대해서 말하게 되기까지는 꽤 많은 시간이 필요하다고 강조해서 말했다. "우리는 아이 스스로 말할 준비가 되었을 때만 그 자격 없는 부모에 대해서 말할 수 있다. 그리고 이러한 일은 서로 신뢰할 수 있는 관계 내에서 이루어질 수 있다." 수많은 아이들이 자신의 과거를 직접적으로 문제 삼는 것을 받아들이지 않는다. 심지어 몇몇 아이들은 사람들이 자신이 경험했던 현실에 대해 말을 꺼내기만 해도 울부짖곤 한다.

근친상간의 희생자는 자신을 공격한 사람을 보호하기 위해서 자기 자신을 비난하기도 한다. 크리스티앙의 경우, 처음에는 자신에 대해 어쩌면 그런 행동을 당할만한 이유가 있을지도 모르는 "폭력적이고, 공격적이고, 싸움을 좋아하는 말썽꾸러기"라고 설명하면서 아버지의 행동을 정당화시키려고 했다.

아이가 근친상간으로 인해서 나름의 사고를 할 수 없게 되고, 적절한 반응을 할 수 없게 되고, 수동적인 공모자가 되는 것은 더 이상 환상을 품을 수 없게 되었으며, 더 이상 행동의 제한이 없어졌기 때문인 것으로 이해할 수 있다.

근친상간이나 근친상간적인[8] 상황에서 혈연관계는 더 이상 제대로 기능하지 않는다. 가족은 사회적 법률을 대신하여 그 나름대로의 규칙을 정할 책임이 있다. 근친상간 혹은 아이에 대한 모든 위반 행위에 대해서 사회를 구성하는 법률 외에도 가족 내의 자율적이고 독립적인 규제가 필요하다.

가족의 개념은 그 의미를 상실하고, 실현 불가능하던 공상은 현실이 된다. 더 이상 어떤 것도 금지된 것이 없기 때문에 모든 것이 가능하다. 딸은 더 이상 딸이 아닌 여자다. 아들이 여자가 될 수도 있다. 엄마는 더 이상 아내가 아니며, 아빠는 더 이상 아빠가 아니라 모든 사람들의 남편이 된다. 피에르 르장드르Pierre Legendre[9]에 의하면 가족 내에서 가족 구성원의 위치가 모두 뒤엉켜버리는 것이 바로 근친상간의 특징이라고 한다.[10] 더 이상 환상이 만들어지지 않고, 서로에 대한 속임수만이 존재하는 이상한 숨바꼭질과도 같은 것이다.

가족은 사랑만으로 이루어질 수 없다. 사랑은 가족을 구성하기 위한 필요조건이지 충분조건이 아니다. 가족은 넘치는 것을 담고, 부족한 것을 메우고, 잘못된 것을 바로 잡을 수 있는 틀, 구조, 규칙, 금기를 필요로 한다. 가족 구성원 각자는 가족이라는 틀 내에서 부모로서의 자리, 자식으로서의 자리를 지켜야만 한다. 하지만 만일 가족 구성원 중 누군가가 다른 자리를 탐내거나 자신의 자리에 확신을 갖지 못한다면, 가족이라는 조직은 무너지게 된다.

근친상간의 욕망을 채우려는 어른들은 아이로 하여금 스스로를 어른이라고 착각하게 하고, 아이 자신의 의도나 욕망을 잘못 생각하게 만든다.[11] 어른들은 가면을 쓰고 앞으로 나아가서, 이러한 행위를 단순한 놀이 혹은 뜻밖의 일이라고 설명한다.

가족 간의 환상이 사라지면 내면세계와 비밀 공간의 한계에 항상 문제가 일어난다. 근친상간을 겪은 가족의 진정한 문제는 가족이 제대로 기능하기 위해서 필요한 비밀의 공간이 사라진다는 것이다. 눈에 보이지 않는 가족을 이어주는 끈이 내면세계, 비밀, 가족의 개념을 파괴하는, 눈으로 볼 수 있는 행동으로 대체된다.

"비밀은 말하지도 듣지도 말아야 한다."
- 그라시안Balthasar Grasian

Chapter 05

완벽에 가까운 허구

근친상간 외에도 문제가 있는 가족의
특징은 가족 각자가 비밀을 만들어낼 수 있는 공간이 없다는 데
있다.

가족에게는 가족 구성원들을 단단하게 이어줄 수 있는, 따라
서 가족 구성원 모두가 믿을 수 있을 정도로 완벽한 환상으로 이
루어진 허구의 이야기가 필요하다. 아주 사소한 허점이 가족을

지탱해주는 이 이야기가 모두 허구라는 사실을 밝히게 될지도 모른다. 두 명의 성인이 '부모'가 되는 것은 쉬운 일이 아니다. 입양의 경우는 그러한 사실을 특히 잘 설명해준다.

나는 한 쌍의 입양 부모를 상담한 적이 있다. 상담이 시작되자마자, 부부는 자신의 딸이 했던 말을 나에게 전하면서 완전히 혼란 상태에 빠져 버렸다.

"당신은 내 아빠가 아냐, 당신은 내 엄마가 아냐, 당신들은 나에게 아무 말도 할 자격이 없어! 당신들은 나의 진짜 부모가 아니라고. 내 진짜 부모는 언제나 날 기다리고 있어. 당신들은 아이를 가질 수 없었기 때문에, 불쌍한 사람들에게서 아이를 훔쳐왔던 거라고! 돈으로 뭐든지 살 수 있어, 하지만 내 사랑만큼은 살 수 없을 거야."

이것은 열두 살 난 플뢰르 드 로투스(fleur de lotus, 연꽃—옮긴이)가 자신의 양부모에게 울부짖으며 쏟아낸 말이다. 플뢰르 드 로투스는 베트남에서 태어난 후 한 달 만에 프랑스로 입양되었다.

하지만 부부는 아이의 조국을 매우 존중했고, 아이의 베트남 이름을 프랑스어로 번역해서 불러주었다. 게다가 그들은 "만일 아이가 원한다면 아이의 부모를 만나기 위해서 언제라도 아이의 조국"으로 다시 가볼 준비가 되어 있었다. 이 여행을 하고 난 후에 모든 것이 제자리를 찾게 되기만 한다면 말이다. "어쩌면 아이가 옳은지도 몰라요. 우리는 이 아이의 진짜 부모가 아니에요.

결국 우리는 단지 아이의 양부모일 뿐이었어요." 그들은 마침내 인정할 수밖에 없었다. 그리고 다음과 같은 말을 덧붙였다. "아이의 과거는 정말 끔찍했어요. 당신은 동양에서 온 우리 공주가 어떤 상황에 처해 있었는지 상상할 수 있겠어요?" 이러한 입양의 상황 속에서, 가족을 지탱해주는 허구의 이야기는 완전히 문제가 될 수 있다.

"당신은 내 아빠가 아냐, 당신은 내 엄마가 아냐, 당신들은 나에게 아무 말도 할 자격이 없어! 당신들은 나의 진짜 부모가 아니라고." 아이가 소리친다.

앞서 살펴보았듯이, 가족이 유지될 수 있으려면 가족 구성원들 각자가 자신의 자리를 지킬 수 있어야 할 뿐만 아니라 각자의 위치를 서로 인정해줄 수 있어야 한다.

"우리는 이 아이의 진짜 부모가 아니에요." 이 부모는 입양을 정당화시켜줄 수 있는 어떤 허구의 이야기에 대해서도, 또 그들 자신의 바람으로 다른 가족 출신의 아이를 그들 자신의 아이로 받아들였다는 사실에 대해서도 확신을 갖지 못했다.

부모로서의 위치에 대한 확신 부족은 플뢰르 드 로투스의 상징적 사고의 근원에 영향을 끼쳤고, 그 아이로 하여금 딸로서의 자신의 위치에 대해서 확신을 가질 수 없게 만들었다. 각자가 자신에 대한 정체성을 확립하지 않은 채 부모와 자식 관계를 맺는 일은 종종 난관에 부딪히게 될 위험이 있으며, 그 속에서 아이는 더 이상 아빠, 엄마, 오빠, 언니의 개념에 대해서 어떤 확신도 갖지 못하게 된다. 가족 관계는 더 이상 어떤 소속감으로도 연결되지 못하고, 단지 호적에 기록된 사실로 남을 뿐이다.

부모가 마침내 그들의 근본적인 문제에 접근할 수 있었던 것은 긴 상담치료 과정을 거친 후였다. "아이의 과거는 정말 끔찍했어요. 당신은 동양에서 온 우리 공주가 어떤 상황에 처해 있었는지 상상할 수 있겠어요?"

부모는 과거의 플뢰르 드 로투스의 충격적이던 모습에 사로잡혀 있었다. 그것은 늪에 잠긴 채 버림받은 아기의 모습이었다. 이와는 반대로 플뢰르 드 로투스의 기억 속에는 자신이 버림받은 적이 없었다. 그녀는 양부모에게 늘 말해왔던 것처럼 양부모는 자신을 돈으로 사들였거나 훔쳤으며, 생물학적 부모는 언제나 자신을 기다리고 있다고 여겼다. 이것은 버림받았으며, 따라서 입양되었다는 생각을 하지 않으려는 확신에서 비롯된 것이었다.

생물학적 부모로부터 버림받은 경우에, 만약 양부모가 아이에게 인정하기 힘든 현실을 받아들일 수 있을만한 이야기로 고쳐주지 않는다면 아이는 심각한 충격을 받을 수 있다. 이 경우에 부모는 자신들이 부모로서의 위치를 여전히 분명하게 정하지 못했기 때문에, 이러한 가혹한 현실을 모두가 납득할 수 있는 이야기, 특별한 만남을 하게 된 이야기로 바꾸어주지 못한 것이다. 그래서 플뢰르 드 로투스는 항상 다른 곳, 자신의 조국을 바라보고 있었다. 이런 점에 있어서도 플뢰르 드 로투스의 양부모는 입양 과정의 특별함을 강조하기 보다는 늘 생물학적 부모 뒤로 한 발 물러서서 아이의 그런 생각에 암묵적으로 동의해주었다.

자신의 아이가 겪었을 성싶은 고통 앞에서 부모가 느끼는 죄책감은 그들로 하여금 부모로서의 역할을 충분히 수행할 수 없도록 방해하고 있었다. 이런 상황에서 플뢰르 드 로투스는 부모로서의 그들의 위치를 의심하는 것 말고는 다른 선택의 여지가 없었던 것이다. 아이의 비난은 부모가 실제로 부인하지 못하는 현실에 근거를 두고 있었다. "어쩌면 아이가 옳은지도 몰라요. 우리는 이 아이의 진짜 부모가 아니에요. 결국, 우리는 단지 아이의 양부모일 뿐이었어요." 이 말을 곧이곧대로 받아들이게 되면, 이 말은 아이에게뿐만 아니라 부모에게도 심각한 상처가 된다. 아이는 자신의 부모가 되고 싶어했던 그들의 욕구에 의문을 제기했다. 그런데 아이는 자신이 가장 두려워하던 사실을 확인해주는 대답을 얻게 된 것이다. 그들은 그녀의 부모가 아니다.

그들은 긴 작업을 거친 후에야 플뢰르 드 로투스의 부모로서 자신들의 위치를 분명히 할 수 있었다. 플뢰르 드 로투스 역시 자기 나름의 방식으로 지난 상담 시간 동안 부모-자식 관계를 받아들이고 있다는 사실을 분명히 밝혔다. "그분들에게는 시간이 필요했어요." 아이는 입양을 결정하는 데 필요했던 시간(의학적 임신 방법에 실패한 후 거의 4년에 걸친 시간)과 상담에 걸렸던 시간

(2년 이상의 시간)을 암시했다.

이 예를 통해서 우리는 살아가는 데 필요한 환상을 만들어내지 못한다면, 때로 현실을 제대로 생각할 수 없게 된다는 사실을 알 수 있다.

견디기 힘든 현실, 때로 참을 수 없는 현실에 직면하기 위해서, 때로는 그 현실을 외면해버리는 것이 더 간단할 수도 있다. 하지만 그렇게 되면 사실에 근거를 둔 현실은 심리적 도구가 더 이상 영향력을 발휘할 수 없는, 도저히 극복할 수 없는 현실이 되고 만다. 있는 그대로의 현실이 지나치게 커져버리면 모든 허구의 이야기, 이 경우에 있어서는 두 명의 어른을 부모로 변모할 수 있게 해주었던 이야기를 만드는 데 꼭 필요한 비밀을 사라지게 만들수 있다.

혈연관계는 가족 중 누구도 알지 못하는 사이에 비밀스럽게 만들어지는 하나의 허구의 이야기를 바탕으로 한다. 대부분의 경우에 이 이야기는 성공을 거둔다. 아이들은 모두 스스로를 자신의 부모의 아이라고 믿게 된다. 부모들 역시 그 아이들을 자신의 아들 혹은 딸이라고 생각한다. 이러한 조작 과정은 평범해 보이고 저절로 이루어지는 것처럼 보인다. 하지만 이 조작 과정이 늘 성공을 거두는 것은 아니다. 혈연관계에 대해서 어떤 방식으로 접근하든지 간에, 그 방식이 늘 당연한 결과를 가져오지는 않는다. 혈연관계는 가족 구성원 각자에게 그리 간단하지 않은 오랜 심리 작업의 결실이다.

어떻게 부모가 되었는가? 이 질문은 입양의 현실을 넘어서 있다. 가족 뒤에는 어떤 비밀이 감추어져 있는가, 우리는 이 허구의 이야기로 무엇을 정의하고자 하는가?

여기서는 대단한 '가족의 비밀'을 말하고자 하는 것이 아니라, 단지 가족으로 하여금 있는 그대로 존재할 수 있게 해주는 비밀, 가족이 가지고 있는 비밀에 의문을 제기하고자 하는 것이다.

부모가 된다는 것에 대해서 우리는 단순히 서로 다른 성별의 두 남녀가 만나서[1] 사랑을 나누고 임신을 한 다음에 아이를 낳는 것으로 충분하다고 생각할 수도 있다.

하지만 이러한 자연주의적 관점만으로는 다양한 시대와 문화[2] 속에서 찾아볼 수 있는 다양한 형태의 부모를 모두 설명할 수 없다. 이러한 관점은 또한 자식을 버림으로써 부모 역할이 중단되는 경우나 인공수정[3]이나 입양으로 부모가 되는 경우를 설명해주지 못한다.

다양한 경우 이 과정은 일정한 공간이나 시간에 따라 일률적으로 이루어지지 않는다. 자식을 버리는 경우를 살펴보면, 출산은 정해진 시간에 맞춰서 이루어지나 부모 자식 관계가 그와 동시에 이루어지지는 않는다. 이러한 경우 부모-자식 관계는 사회 기관에 위임된다. 입양의 경우 아이의 임신과 부모-자식 관계는 별개의 문제가 된다. 이 두 가지 경우 모두 사회 기관이 제3자로서 개입하게 된다.

　인공수정의 경우에, 임신은 생물학적 육체의 만남을 통해서라기보다 의료 기술을 매개로 이루어진다. 만일 생물학적 혈연관계가 부모-자식 관계의 충분조건이 아니라면, 반대로 그러한 생물학적 혈연관계의 부재 역시 부모-자식 관계에 그다지 큰 영향을 끼치지 않는 요소가 아닐까?

　그에 대한 대답 중 하나는 오늘날 현행법의 근간이 되는 로마법에서 찾아볼 수 있다. 부모-자식 관계는 법에 의해 결정적으로 형성된다. 법은 부모 자식 관계 속에서 각자의 위치를 정해줌으로써 생물학적 육체를 인간으로, 그리고 다시 인간을 사회적 존재로 확인시켜준다.[4]

　이와 같은 허구의 이야기를 만드는 것 역시 법의 본질적 기능이다. 게다가 몇몇 법률가들은 그것을 법의 기초로 규정짓기도 했다. 부모 자식 관계에 대한 문제는 3세기 무렵 로마법에 의해서도 다루어졌다. 로마법은 "*vitam instituere*", 다시 말하면 '생명력을 부여해준다'는 공식에 따라 제정되었다. 사회는 개인에 대해서 법적 자격을 부여하고 살아갈 수 있는 자격을 준다.

　법은 전설을 통해서 '신화적 요소'를 부여받고, 따라서 인류로하여금 살아남을 수 있는 기준을 제시해줄 수 있게 되었다. 이렇게 해서 법은 국민을 초월하는 절대적이고 신화적인 기준으로 기능하게 된 것이다. 종교와 분리되고 산업화된 사회 속에서, 국가는 이와 같은 기준으로서의 위치를 차지하고서 가족 구성원 사이의 관계를 규정짓는 원칙을 밝혔다.

개인보다 우월한 군주는 인간으로 하여금 다른 사람에 대해서 주체로서 존재할 수 있는 권한을 부여했으며, 따라서 그 어느 누구도 자발적으로 주체로서 태어날 수 없다.[5]

입양의 경우처럼 그 이전에는 어떠한 관계도 존재하지 않았던 곳에서 혈연관계를 만들어낼 수 있다는 것은 법이 지닌 최고의 독창성 중 하나다. 법률적 허구의 이야기를 바탕으로 형성된 혈연관계는 생물학적 관계가 없다 하더라도 부모로 명명되고 그 위치를 인정받게 된다.

법에 따라 만들어진 이 이야기는 개인들 사이에 관계를 만들어내면서 실질적인 영향력, 경우에 따라서는 법적인 영향력을 갖는다. 그렇기는 하지만, 이러한 이야기는 단지 그 혈연관계가 부모, 자식, 사회의 눈에 그럴듯한 것으로 보일 때에만 제대로 받아들여질 수 있다.[6] 그러기 위해서 혈연관계는 사회적으로 인정받아야 할 뿐만 아니라, 가족 구성원 각자가 그 생성 과정에 간혹 의문을 제기한다고 하더라도 가족의 존재 자체가 위협받아서는 안 된다. 이런 조건하에서 혈연관계는 살아가다가 직면할 수밖에 없는 두려움, 고통, 상처 등 어떤 공격에도 살아남을 수 있게 된다.

가족의 구성을 뒷받침할 수 있는 이야기가 제대로 기능하지 않을 때, 그 결과는 위험할 수 있다. 가족들로부터 가족으로 받아들여지고 있다고 느끼지 못할 때, 아이는 입양아가 자신의 생물학적 부모를 찾아 헤매는 경우처럼, 또 다른 근원, 대리부모를 찾아 헤매게 된다. 개인은 자신에게 결핍된 혈연관계의 기준을 찾게 되는 것이다.

자신이 세상에 오게 된 상황에 대한 의문은 인류의 근원에 대한 의문처럼 영원한 탐색의 대상이다. S. 마리노풀로스S. Marinopoulos가 정확하게 지적했던 것처럼 말이다.

"한 주체에게 있어서 진실은 육체, 생물학적 진실, 유전자에 있는 것이 아니라 바로 그의 정신구조 속에 있다. 바로 거기에 한 주체가 자신의 친부모와 자신을 연결시켜주는 관계에 대해서 제기하게 되는 질문, 의심, 고통들이 생생하게 자리 잡고 있다. 한 주체에게 있어서 혈연관계에 대한 진실은 독창적이다. 그 진실은 이야기를 하는 사람의 경험에 따라 말해지고 이야기된다. 혈연관계는 한 주체를 그의 가족 속에 연결시키고자 하는 이러한 이야기 속에서 만들어지는 것이다. 만일 이러한 이야기의 구조에 허점이 있어 보인다면, 종종 ─입양도 이 규칙에서 예외는 아니다─ 부모-자식 관계는 실패한 듯이 보일 수 있다. 하지만 우리가 자신에 대해서 이야기하는 주체의 개별성에 관심을 가져야만 하는 때는 바로 이러한 순간이다."[7]

플뢰르 드 로투스에게는 중요한 것이 빠져 있었다. 그것은 바로 상징적 방식으로 그녀의 존재를 부모의 존재와 연결해줄 수 있는 이야기였다. 혈연관계의 단절이나 생물학적 부모로부터 버림받음으로 인해서 생긴 상처는 그 상처를 치유해줄 수 있는 하나의 이야기를 기다리고 있다.

때로는 자기 자신에 대한 고통스러운 탐색을 통해서 무의식적으로 의문을 제기하게 되는 비밀, 밝혀야만 하는 궁극적 비밀은 자신의 탄생 근원에 대한 비밀이다. "내가 세상에 오기를 원한 사람은 누구였을까?"

이러한 의문은 다른 모든 의문의 중심에 자리 잡고 있다. 세상의 모든 아이들은 살아가다 어느 순간 이런 의문을 제기하게 된다.

하지만 이 비밀은 모든 아이들이 각자 때가 되면 밝혀야 하는 또 다른 비밀을 감추고 있다. 어떤 아이도 자신이 원해서 태어난 아이는 없다. 어떤 부모도 그 아이를 원하지 않았다. 부모는 단지 자신의 아이가 될 '한' 아이를 원했을 뿐이다. 그들은 단지 '한 아이'를 원했을 뿐, 자신들의 신체적 특징과 성격을 닮은 바로 그 아이를 원했던 것이 아니다.

아이는 이 끔찍한 비밀을 서서히 알게 된다. 자신의 출생이 바로 그 자신을 낳고 싶다는 바람은 전혀 없이 완벽하게 우연히 이루어졌다는 사실 말이다. 게다가 사람들이 들려주는 수백만 마리의 정자에 대한 이야기를 통해서 아이는 자신이 태어나지 않았을 가능성이 훨씬 높다는 사실을 알게 된다. 곧 그는 자신의 엄마와 아빠가 우연히 만나지 않았더라면, 이 특별한 우연이 없었더라면 자신은 존재하지 않았을 것이라는 사실을 이해하게 된다.

따라서 그는 자신이 가족을 배경으로 하는 연극, 더 나아가 사회를 배경으로 하는 연극 속에 등장하는 한 사람의 배우일 뿐이라는 사실을 알게 된다. 그리고 그 연극은 그가 태어나기도 전에 시작되었으며, 그가 사라진 후에도 계속될 것이다. 확실히 그의 부모는 아이를 원했을 것이다. 어쩌면 가족의 배역을 모두 완성시키기 위해서 단지 아이 역할을 할 배우를 원했을 뿐이라고 말하는 것이 더 정확할 것이다. 그렇다고 해서 그들이 배우의 캐스팅에 관한 모든 결정권을 가지고 있는 것도 아니었다.

자신들의 기대에 타협과 실망을 거듭한 후에, 그리고 이 역할에 예정되었던 시나리오를 여러 차례 고친 후에, 그들은 점진적인 과정을 통해서 바로 이 아이를 자식으로 받아들이게 된 것이다. 모든 아이들은 그 나름대로 유일한 아이로서 존재할 수 있기 위해서 자신의 부모를 속일 필요가 있다.

아이는 '만일 내가 다른 곳에서 태어났다면?' 과 같은 순진한 질문을 통해서 이러한 진실을 간접적으로 발견하게 되기도 한다. 가족은 아이를 안심시켜주고 아이에게 안정감을 주기 위해서 존재한다. 오직 그 자신만을 원했던 것이 아니라고 하더라도, 아이는 예전 모습 그대로, 지금 모습 그대로, 앞으로 변하게 될 모습 그대로 사랑받는다. '진짜' 부모는 아이들에 대한 실망까지도 받아들이는 부모다.

상호적으로 부모의 말은 아이에게 적절한 존재감을 부여한다. 그러한 말들을 통해서 아이는 아들로서, 딸로서의 자신의 위치를 받아들이게 된다. 그때부터 특별한 이 아이는 가족 안, 그리고 인생이라는 연극 안에서 자신의 역할이 얼마나 중요한지를 확신하게 된다. 아이는 또한 말이 그 첫 번째 의미가 아닌 다른 의미를 나타낼 수 있으며, 언어의 비밀 세계가 존재한다는 사실을 알게 된다. 아이는 유일한 현실의 포로가 되는 대신 언어의 자유를 발견하게 된다.

성인이 되면서 아이는 때로 그가 어린 시절에 발견했던 비밀들과 말이 감추고 있는 침묵, 신비로움을 잊게 된다. 그는 또한 처음으로 가졌던 의문들에 대한 답을 찾기 위해서 상상 속에서 찾아 헤맸던 비밀의 길들을 잊게 된다. 침묵을 잃어가면서 아이는 자아에 접근할 수 있는 방법도 잃어가게 된다. 그런데도 세상은 더 좋아지기 위해서 '모든 것을 말하는 것'으로 충분하다고 말하고 있지는 않은가?

"인간은 서로를 속이는 일이 없다면 사회 생활을 계속할 수 없다."

- 라라 로슈푸코 La Rochefoucauld

Chapter
06

사생활 거래

'**모든 것**을 말하는 것'은 오늘날 '행복'과 같은 뜻으로 받아들여지고 있다.

　개인이 받아들일 수밖에 없는 이 개념 덕분에 리얼리티 쇼가 호황을 누리고 있다. 잘 지내기 위해서는 자기 자신이나 자신의 문제, 자신의 인생에 대해서 말하고, 가장 은밀한 비밀을 대중들과 함께 나누는 것으로 충분할지도 모른다. 더 이상 침묵이 아닌 말이 금이 되어버린 시대가 되었다.

우리는 어떻게 하다가 이처럼 말을 열렬히 숭배하게 되었을까? 자신의 고통을 말로 표현하는 것만으로도 그 고통을 진정시키기에 충분하다고 믿는 것은 분명히 20세기의 가장 큰 오해 중 하나다.

이런 오해를 퍼뜨린 것에 대해서, 단지 방송을 통해서 좋은 평판을 얻고 있는 저명한 심리학자를 고발하거나 대중들이 이해할 수 없을지도 모르는 심리분석적 개념을 퍼뜨리는 것에 대해 비난하는 데서 그치는 것은 너무나 간단한 일인지도 모른다.

차라리 심리분석에서 사용되는 용어(오류, 실착행위*, 오이디푸스 콤플렉스, 나르시시즘, 무의식 등)를 대중의 곁에 가져다놓는 데 성공했다는 사실에 만족하는 것이 더 나을 것이다. 하지만 수많은 경우에 남용되고 있는 그러한 용어들을 일상적으로 사용하는 문제에 대해서는 의문을 품어볼 필요가 있다.

말을 통해서 자유를 얻을 수 있다는 집단적 믿음은 이러한 관점에서 보면 분석적 사고의 맹점일 뿐이다. 이러한 오해에 대한 책임은 몇몇 심리분석가들에게 있지 않을까?

20년 전으로 거슬러 올라가 보자. 1983년, 심리학계에서 꽤 인정받던 한 심리분석가가 '심리쇼'라는 이름의 한 방송 프로그램

| * 의식적 의도에 반하지만 무의식적 욕망을 나타내는 행위.

에 출연했다. 이 방송 프로그램에서 한 부부는 자신들의 사생활을 아주 사소하고 그늘진 부분까지 낱낱이 공개했다.

사회학자인 알랭 에른베르Alain Ehrenberg는 내면세계가 더 이상 잡지나 라디오, 성당의 고해실, 의사의 진료실, 심리분석가의 치료실에서 익명으로 거론되지 않고, 대중매체를 통해 공개적으로 밝혀지고 있다는 사실을 최초로 지적했다.[1]

하나의 사회적 현상이 되어버린 대중 매체를 통한 내면 고통의 전파는, 자신의 고통을 밝힌 당사자에게 적절한 상징적 기준도 제시해줄 수 없는 사회 앞에서 개인적 불안을 표현하는 것일 뿐이다. "방송을 통한 사생활의 폭로는 당사자가 자신의 사생활에 따른 긴장감을 극복하기 힘들어한다는 문제와 관련이 있다. 그것은 자신의 불확실한 위치에 대한 개인들의 집단적 의문을 구체화하고 있다."[2]

여기서 우리는 그 유명한 "나는 생각한다. 고로 존재한다"라는 말이 나온 이후로 우리가 거쳐 왔던 길에 대해서 생각하게 된다. 어떠한 기준도 찾을 수 없는 상황에서 개인은 자신의 존재론적인 문제에 대한 해답을 대중 매체를 통해서 발견했다고 믿게 되었다. "나는 말한다. 고로 나는 존재한다."**

존재에 대한 이러한 개념은 각 개인으로 하여금 그 자신의 내

** 프랑스 철학자 R. 데카르트가 방법적 회의 끝에 도달한 철학의 출발점이 되는 제1원리.

면세계, 그 자신만의 비밀에 접근하는 것을 차단하는 결과를 가져왔다.

심리분석가의 진료실에서나 들을 수 있었던 각자의 내면 깊숙이 담아두었던 비밀스러운 이야기들을, 이제는 텔레비전이 있는 곳이면 어디서나 들을 수 있게 되었다. 이 비밀스러운 이야기를 누가 듣는가는 크게 중요하지 않게 되었다. 왜냐하면 더 나아지기 위해서 단지 말하는 것으로 충분하기 때문이다.

대중매체를 통해서 사회 속으로 퍼져나간 개인적 문제는 그 주체의 정체성을 대신하게 된다. "나는 문제가 있어요"가 "나는 문제 그 자체예요"가 되는 것이다. 그리고 이러한 변화는, 앞서 말한 문제에 대한 해결책을 찾을 수 있는 길로 가는 것을 더욱 방해하게 된다. 따라서 세상 사람들의 눈에는 이제 막 정착된 정체성을 포기하고 싶어하지 않는 모습으로 보일 수도 있다. 이때부터 텔레비전은 개인적 자아 탐색 과정의 대체물이 되어버린다.

우리 자신을 알기 위해서, 그리고 우리 자신의 삶을 더 잘 알기 위해서는 텔레비전에 출연하여 인터뷰를 하고 있는 사람과 자신을 동일시하는 것으로 충분할지도 모른다. 프로그램 제작자인 장-뤽 들라뤼Jean-Luc Delarue의 확신처럼 말이다. "내가 다른 사람의 말에 귀를 기울이는 것은 나 자신이 더 나아지기 위해서가 아닐까요? 혹은 다른 누군가가 스스로 더 나아지기 위해서가 아닐까요? 나는 우리가 좋은 시간을 보냈다면, 그것으로 충분히 좋은

것이라고 말하고 싶습니다."³

한 개인의 내면세계를 이처럼 공개하는 것이 어떤 결과를 가
져올 수 있을지에 대해서 좀 더 분석을 해볼 필요가 있다.

방송 프로그램을 시작하면서, 심리학자들은 이러한 유형의 방
송 프로그램에 출연하고 싶어하는 지원자를 모집했다. 그런 다음
에는 방송을 통해서 지원자들의 내면세계를 모두 보여주어야 했
기 때문에, 그들은 자신의 고백을 구체적으로 입증하기 위해서
모든 것을 다 보여주어야 했다. 누군가로 하여금 '말을 하게' 하
려면, 좋은 프로그램 진행자 한 사람으로 충분해진 것이다.

결국 방송 관계자들은 대중에게 '진짜 현실'을 보여주고 아무
것도 감추지 않으려면, 현실과 대중 사이에 더 이상 개입하지 말
아야한다고 판단했다. '로프트Loft'*나 '라 페르므La ferme'**의 연
출자들은 심지어 지원자들의 코 고는 소리조차도 대중에게 흥미
를 줄 것이라고 장담했고, 그들의 말은 성공을 거두었다.

몇몇 저널리스트나 다큐멘터리 영화제작자 역시 사람들의 인
생이나 감정을 있는 그대로 촬영하는 방법을 선택했다. 전혀 가
공되지 않은 자료, 아무런 비평이 덧붙여지지 않은 기사, 전문가
의 견해가 포함되지 않은 채 때로 거친 표현이 포함된 증언이 있
는 그대로 대중에게 전달되었다. 그 결과 대중매체는 사람들에게

* 프랑스TV의 리얼리티 프로그램.
** 프랑스TV의 유명 스타 발굴 프로그램.

생각할 재료를 제공해주는 대신 사람들의 생각을 마비시켰다. 엘리자베스 레비Eisabeth Lévy[4]의 표현을 빌자면, 그것은 미디어 연출자들에 대한 미디어의 승리였다. 저널리스트는 여과, 분석, 안내의 기능을 상실하게 되었다. 시청자는 영상물이 자극하는 있는 그대로의 감정을 고스란히 떠맡아야 했다. 시청자들이 알아서 그 모든 감정들을 처리해야만 했던 것이다. 그 누구도 그러한 감정을 쉽게 받아들이거나, 각자가 알고 있거나 공유할 수 있는 경험과 연결시킬 수 있도록 도와주지 않았다.

"그렇다면 저널리스트들은 무엇을 해야 하는가?" 엘리자베스 레비가 비꼬아서 말했다. "저널리스트는 대중에게 보여주고 이해시켜야 하는 중재자로서의 힘든 일에서 해방되었다. 하나의 관점을 제시하는 것, 그것은 계층을 만들 위험을 감수하는 일이었다. 그들은 무시무시한 일에서 해방된 것이다." 이처럼 저널리스트의 특수한 역할은 사라졌다. 한 사건을 있는 그대로 적절한 장소에서 적절한 시간에 생생히 보도하는 방송을 위해서 말이다. "미디어가 사건에 대해 의미를 부여하는 일을 포기하는 순간부터, 미디어의 기능은 감정의 거래를 주관하는 것으로 축소되었다."[5]

공적인 인물들의 비밀이나 사생활을 폭로하는 일은 세상의 대형 참사 앞에서도 정당한 자리를 차지했으며, 심지어 동일한 정도의 감정의 물결을 일으켰다. 쓰나미 참사와 모나코 왕의 감춰둔 자식에 대한 소식이 동등한 비중으로 다루어졌다.

감정은 그것에 대해 생각해보고 객관적으로 고려해볼 수 있는 매개체 없이 있는 그대로 쏟아져 나왔다. '텔레비전' 설교는 모두의 공감을 요구했다. 고통은 대중 매체가 중재하는 사회관계의 새로운 매개체가 된 것일까?

감정이 끝없이 흘러나오는 가운데, 단지 모두가 합의한 말을 통해서만 의미를 가질 뿐이었다. 그 진실, 그 가치는 그 말이 자극하는 감정에 의해서 평가되었다. 말은 감정을 자극할 때만 진실이 되었다.

그 후로 개인은 더 이상 비밀을 혼자서 간직할 수가 없게 되었다. 개인은 모든 것을 말할 수 있었다. 심지어 그렇게 하도록 강요받았다. 말이 가진 치료의 효능을 확신하면서 아무런 거리낌 없이 있는 그대로의 진실을 전달했다. "나는 모두 말했습니다. 그러므로 나는 치유되었습니다."

한 세기 동안 상아탑 안에 갇혀 있던 심리분석가들은 말의 치유 능력에 대한 비밀을 조심스럽게 간직하고 있었다. 하지만 이제 그 비밀이 모두의 손에 쥐어졌다. 각자의 내면세계가 모두에게 개방되었다. 새로운 세기는 더 이상 심리분석가를 필요로 하지 않는다. 내면세계는 이제 공적인 영역이 되어버렸기 때문이다. 이제 그것은 모두의 일이 되었다.

이전에는 '사적인' 것으로 간주되던 삶을 대중매체로 전파하는 일이 수익성이 있는 한, 이 일은 점점 더 번성하는 거래가 될 것이다.[6] 이제 '사생활을 거래하는' 시대가 된 것이다.

투명한 인간이 태어나고 있다. 비밀을 가질 수 없는 아이는 그 자신의 정체성에 대해서 단 한 마디 말로 요약해줄 것을 요구한다. 이러한 요구에 대해서 이해하려면, 그 근원에 관심을 가질 필요가 있다.

비밀의 심리학

ÉLOGE DU SECRET

"질문은 결코 경솔할 수가 없어요. 대답은 종종 그러하지만 말이에요."

- 『이상적인 남편*An Ideal Husband*』, 오스카 와일드Oscar Wild

모든 것을 말하라:
현실의 노예가 되어버린 말

어느 날 왕은 도시를 건설하기로 결정하고 그 터를 정했다.

점성술사들은 아이를 가진 어머니가 자발적으로

자신의 아이를 제물로 바치고, 그 아이를 산 채로 매장한다면

그 터는 좋은 터가 될 것이라고 말했다.

그로부터 3년이 지났을 무렵,

한 나이 든 부인이 열 살 정도 된 자신의 아이를 데리고 왔다.

아이를 매장하려는 순간, 아이가 왕에게 말했다.

"제가 점성술사들에게 세 가지 질문을 던질 수 있도록 허락해주십시오.

만일 점성술사들이 답을 제대로 맞힌다면,

그들은 점괘를 제대로 읽은 것일 겁니다.

하지만 그렇지 않은 경우라면,

그들이 점괘를 제대로 읽지 못했다는 것이 분명합니다.

제 질문은 다음과 같습니다.

세상에서 가장 가벼운 것은 무엇입니까?

세상에서 가장 달콤한 것은 무엇입니까?

그리고 세상에서 가장 단단한 것은 무엇입니까?"

사흘이 지난 후에 점성술사들이 대답을 했다.

"세상에서 가장 가벼운 것, 그것은 깃털이다.

세상에서 가장 달콤한 것, 그것은 꿀이다.

그리고 세상에서 가장 단단한 것, 그것은 돌이다."

어린 소년은 웃음을 터뜨리며 큰 소리로 말했다.

"누구라도 그 정도 대답은 할 수 있습니다.

가장 가벼운 것은 어머니의 품속에 있는 아이입니다.

어머니의 품속에 있는 아이는 절대로 무거울 수가 없습니다.

가장 달콤한 것은 바로 어머니의 젖입니다.

그리고 가장 단단한 것은 어머니 스스로 자신의 아이를 산 채로

매장시키기 위한 제물로 바치게 하는 것입니다."

비밀의 **심리학** Éloge du secret

점성술사들은 잠시 어리둥절해 했지만,

자신들이 점괘를 잘못 읽었다는 사실을 시인했다.

그리고 아이는 풀려났다.

탈무드 이야기[1]

1984년에 앙텐느 2^{Antenne 2}＊에서 3부작으로 방영한 다큐멘터리 "아기는 인간이다"에서, 심리분석가, 의사, 소아과 전문의들은 '아이에게 말하는 것'의 필요성을 강조했다. 그들은 대화의 결핍이 아이들의 심리 발달에 끼칠 수 있는 위험에 대해서 설명했다. 아이의 출생의 비밀을 감추고, 지금의 아이를 낳기 전에 다른 아이를 잃었던 유산의 경험에 대해서 침묵을 지키고, 아이의 아버지가 그 아이의 '생물학적 아버지'가 아니라는 사실을 감추는 것은 생각할 수조차 없는 일이 되어버렸다.

분명히 이 메시지는 1970년대부터 1980년대까지 긍정적인 공포를 야기했다. 프랑소와즈 돌토^{Francoise Dolto}＊＊의 라디오 방송을 듣기 위해서 모인 대중들은 그에게서 교육 비법을 전달받기를 기

＊ 프랑스의 방송 채널.
＊＊ 아동정신분석가로 프랑스 정신분석학회 창단 멤버이며, 초록집(La Maison verte)을 창시했다. 정신과 의사, 소아과 의사, 특수교사, 정신운동치료사를 병행하며 3세 미만 아동의 사회적응을 위한 만남의 장을 운영하기도 했다. 돌토는 살아있는 동안 프랑스에서 아동의 이해와 교육에 가장 대중적인 영향을 끼친 인물 중 한 사람이며, 그의 책은 아이를 키우는 많은 프랑스 가정에서 참고 서처럼 이용할 정도다.

대했다. 1970년대에 출간된 프랑소와즈 돌토의 책, 『아이가 태어나면 *Lorsque l'enfant paraît*』의 지지자들에게 모든 것은 간단하게 여겨졌다. 아이에게 말하기만 하면 된다. 그것도 '있는 그대로 말하기만 하면 된다.'

'아기는 언어적 존재다' 라는 돌토의 공식이 어떻게 '아이에게 모든 것을 말하라' 로 바뀌게 되었을까? 어떻게 '모든 것은 언어이다' 가 '말하는 것으로 충분하다. 그러면 모든 것이 더 잘될 것이다' 로 바뀌게 되었을까?

1970년부터 1980년대까지 부모들을 대상으로 쏟아져 나온 '교육심리학' 서적들이, '말' 이 심리적 문제에 대한 예방책이 된다는 믿음을 널리 확산하는 데 기여한 것은 분명한 사실이다.

아이는 자신의 과거, 부모의 과거, 심지어 조부모의 과거에 대해서 그 어떤 것도 몰라서는 안 된다. '말해주지 않음' 으로 인해서 그 이후에 초래할지도 모르는 아이의 '정신착란' 을 예방하기 위해서 말이다. 만약 모든 것을 말해주지 않는다면, 아이는 면역결핍으로 인해서 인체에 질병이 생기는 것과 마찬가지로 불시에 정신 질환에 걸릴지도 모른다. 심리구조는 복잡하고 예측하기가 힘들기 때문에 다음과 같은 공식이 성립한다는 것이다.

말의 부재＝질병, 말＝건강

심리 치료의 관점과는 별개로, 말은 그 자체로 하나의 목적으로서 높은 가치를 부여받으며, 정신 질환에 대한 보편적인 치료제가 되었다. 신성화된 말은 악으로부터 사람들을 보호해주기 위해서 반드시 필요한 것이었다. 말은 마법의 효능을 지닌 동시에 자유를 부여해주었다. 주변 환경이나 시간, 대화상대자, 언어 능력 등은 거의 중요하지 않았다. 왜냐하면 말하는 것만으로 충분하기 때문이다. 말이라는 치료제가 탄생한 것이다.

모든 병적 위험 요소를 예방하기 위해서는 심지어 태아 단계에서부터 말을 사용해야만 한다는 주장이 나오기에 이르렀다. 이렇게 된 데에는 태아 발달에 대한 초음파 검진 기술의 진보로 '모든 것은 여섯 살 이전에 결정된다'라는 공식이 '모든 것은 태아기에 결정된다'라는 급진적인 해석으로 전도된 탓도 있었다.

이처럼 말을 신성시하면서 사람들은 본질적인 요소를 무시하게 되었다. 그것은 바로 화자뿐만 아니라 청자를 포함한 모든 인간의 심리 구조에 존재하는 무의식의 차원이었다.

언어를 투명한 것으로 간주한다면, 그것은 무의식의 개념을 인정하지 않고, 담화가 아무런 비밀도 감추고 있지 않을 뿐 아니라 어떤 은유적 가치도 지니고 있지 않다고 생각하기 때문이다.

돌토의 가르침은 단순히 말을 하라는 명령이 아니다. 돌토는 자신에게 문제를 호소하는 부모들의 질문에 장문의 편지를 통해서 대답해주었다.

돌토의 이야기 속에 감추어진 부분, 다시 말해서 대중들이 알지 못하거나 듣고 싶어하지 않는 부분은 어쩌면 너무 혼란스러운 부분이었을 수도 있다.

우선 형식적인 측면에서, 돌토의 가르침은 결코 '말을 위한 말을 하는' 것이나 말을 하라는 명령에 부응하는 것과 관련이 없다. 그와는 반대로 돌토는 부모의 자율성을 되살리고자 했다. 왜냐하면 부모는 "심리학자 혹은 의사가 모든 능력을 가지고 있다는 오해에서 벗어나서 그들 자신의 직관을 다시 신뢰할 필요가 있기"[2] 때문이었다.

그 다음으로 내용적인 측면에서, 돌토의 가르침은 아무런 의미 없는 말들을 쏟아내라는 것과는 아무 상관이 없었다. 그와는 반대로, 돌토는 그런 행동이 솔직함이라는 명목 하에 스스로 공격적으로 행동하도록 자신을 내버려두는 것과 같은 행동이라고 말했다.

"나는 말을 통해서 아이들이 귀를 기울이고 있는 이야기로부터 아이들을 끌어내야 한다고 생각한다. 이렇게 해서 아이들의 무거운 짐은 단지 상징적인 것에 그칠 수 있으며, 우리는 단지 말을 통해서 아이들의 짐을 덜어줄 수 있다. 말, 그것은 더 많은 자유를 줄 수도 있지만, 더 많은 위험을 안겨줄 수도 있다. 또한 말에 의해서 우리는 상징적인 짐을 더 무겁게 만들 수도 있다."[3]

다시 말해서 부모는 아이들로 하여금 언어나 세상의 상징적인 측면에 대해서 생각할 수 있게 해주어야만 한다. 뿐만 아니라 부모는 아이들 곁에서 '여과 장치'의 기능을 수행해주어야 한다.

부모는 선물이나 놀이 시간, 함께 하는 시간, 잠자는 시간, 일어나는 시간, 밥 먹는 시간 등에 대한 한계나 규칙, 금기 사항을 말하는 사람이다. "선생님, 매일 '안 돼'라는 말을 입에 달고 살라는 말인가요? 그렇게 한다면 저는 좋은 역할을 할 수 없을 거예요." 내가 아이에게 "안 돼"라고 말하는 것은 문제가 있다고 말해주었더니 한 부모가 근심스럽게 나에게 물었다. 이 부모는 아이 옆에서 '나쁜 역할'을 맡아야만 한다. 그 역할로 인해서 실망을 야기할 수도 있지만, 아이의 욕구 조절과 관련하여 꼭 필수적인 일이다.

한계를 설정하면서 부모는 또한 아이에게 전달하고 싶은 가치를 표현하고, 아이가 직면해야만 하는 세상의 숨겨진 상징적 요소들을 보여주게 된다. 오이디푸스 콤플렉스, 세대 간의 차이, 삶과 죽음의 차이, 이성 간의 차이 등을 말이다. 부모는 특히 아이에게 모든 욕구를 실현할 수는 없다는 사실을 설명하면서 '나쁜 역할'을 맡게 된다. 아이는 지금이나 시간이 더 흐른 뒤나 변함없이 자신의 엄마와는 결혼할 수가 없다. "아빠가 죽고 나서도요?" 아이가 자신의 엄마에게 '순진하게' 묻는다.

아이가 얻어야만 하는 반응은 '모든 것을 말하라'는 태도와 거리가 멀다. 부모라는 여과 장치는 말을 선택할 뿐만 아니라 침묵을 선택해야 한다. 하지만 오늘날, 가족 내에서 비밀을 파헤치려는 시도는 그 어느 때보다 활발하다. 마치 비밀의 존재가 그 가족에게 문제가 있다는 증거라도 된다는 듯이 말이다.

활동 분야가 넓어졌기 때문에 사람들은 누구나 가족 내에서도 비밀을 하나쯤 가지고 있다. 말 그대로 알려지지 않은 비밀을 말이다. 세르쥬 티스롱Serge Tisseron에 의하면 "가족 내에 비밀이 있는지를 알아보려면 비밀이 있는지 물어보아라. 만일 당신에게 대답을 한다면, 그것은 비밀을 하나쯤 가지고 있다는 뜻이다. 만일 당신에게 아무런 말도 하지 않는다면, 그것은 당신에게 무언가를 감추고 있다는 뜻이다."[4]

비밀에 대한 집요한 추격을, 우리는 몇몇 부모가 자신의 아이들에게 개인적인 문제, 사적인 문제, 심지어 성적인 문제까지 모두 말해야 한다고 느끼는 이상한 필요성과 연결지어서 생각할 수 있다. 상담을 하러 오는 수많은 가족의 경우가 그러하다. "아이에게 이 모든 것을 이야기해주는 것이 더 낫지 않은가요? 아이에게 어떤 것도 감추어서는 안 돼요." "왜 나는 아이 엄마와 이혼한 정확한 이유를 아이에게 말하지 않았을까요? 아이도 그것을 알 권리가 있는데 말이에요. 아이는 내 딸이니까요." "나는 딸아이에게 모든 것을 말했습니다. 아이의 아빠가 나를 배신했어요. 나는 아이에게 내 속마음을 모두 털어놓을 수 있어요. 우리는 서로에게 비밀이 없어요"처럼 말이다.

상담을 하는 경우에, 아이들은 전에는 한번도 본적이 없는 낯선 사람에게 말을 하라는, 혹은 고백을 하라는 요청을 종종 받게 된다. 아이에게 이것을 강요하는 것은 일종의 폭력과도 같다. '아이를 위한다는 명목'으로 말이다. "너는 이 심리분석가에게 모든 것을 말할 수 있어. 그리고 나면 훨씬 더 좋아질 거야." 따라서 자신을 표현하도록 요구받은 아이는 자신의 내면세계, 자신의 비밀의 정원을 포기할 수밖에 없다. 하지만 말을 요구하더라도, 아이가 충격적인 사건을 겪은 후에 자신의 존재의 비밀을 지키기 위해서 침묵의 반응을 보인다면 어떻게 할 것인가?

왜냐하면 아이의 충격이 심각할수록, 심지어 그 일에 대해서 아이의 책임이 전혀 없다고 하더라도, 아이는 자신이 겪은 일에 대해서 더욱 수치심을 느낄 우려가 있다. 예를 들면 가까운 사람의 불치병, 자신이 당한 성폭행, 교통사고, 부모의 이혼 등에 대해서 말이다. 그렇게 되면 아이는 자신이 겪은 것을 말해야 한다는 의무감, 그리고 자신에게 새로운 공격으로 가해지는 말하라는 명령, 자신의 가장 비밀스러운 내면세계를 보여주겠다는 의지를 경험하게 된다.

아이가 자신의 세계에 침입한 폭행에 대해서 어른을 용서하기까지, 그리고 다시 한번 어른의 세계를 신뢰하게 되기까지는 긴 시간이 필요하다. 그렇지 않을 경우에 아이는 자신만의 세계 속으로 숨어버리거나, 이와는 반대로 자신의 원한을 폭력적 행동으로 외부에 표출하게 될 가능성이 크다.

신뢰를 다시 회복하기 위해서 아이는 자신이 내뱉는 말과는 별개로 자신이 존재할 수 있다는 사실을 믿을 필요가 있다. 자신의 비밀을 혼자 간직할 권리가 있다는 사실을 아이에게 이해시켜라. 특히 아이에게 강한 인상을 남겼거나 극복하기 힘든 사건에 대해서라면 더욱 그러하다.

이와는 반대로 상담을 받으러 온 어떤 아이들은 끊임없이 말을 쏟아내는 것으로 상담 시간을 채우기도 한다. 사람들은 아이에게 모든 것을 말하라고 한다. 이럴 경우에 자신을 감출 수 있는 가장 좋은 방법은 모든 것을 보여주는 듯한 인상을 주는 것일 것이다.

상담 치료의 초기에 수많은 어른들이 자신의 인생에 대해서 '사실적인' 부분만을 늘어놓고는 그에 대한 반응을 기다리면서 어리둥절해했다. "저는 더 이상 무슨 말을 해야 할지 모르겠어요." "저는 모든 것을 말했어요." "더 물어보실 것은 없나요?" 놀랍게도 수많은 사람들이 말 이면을 들여다보는 것이나 침묵에 대해서 의문을 품는 것, 그 자신의 질문에 의문을 제기하는 것을 힘들어한다.

하지만 이 단계에서 그들의 언어는 항상 공허한 상태다. 그들의 언어는 아무런 것도 나타내지 못한다. 심지어 어떤 추억도 불러일으키지 못하며, 어떤 눈물도 흘러내리게 하지 못하며, 어떤 슬픔이나 불안도 자극하지 못한다. 내용이 없는 공허한 말들, 그것은 어떤 경험도 설명해주지 못한다. 기껏해야 아무런 깊이도 은유도 없는 단순한 정보일 뿐이다. 자신의 감정적인 상태나 자신의 행동의 의미에 대한 언급은 전혀 없이 아침 식사부터 교통 체증 때문에 보낸 시간까지, 일어나서 잠들기까지 하루를 순서대로 읊어대는 환자들의 경우처럼 말이다. 단순한 사실들의 나열에 국한되고 현실의 노예가 되어버린 말들은 더 이상 고통으로부터 그 당사자를 자유롭게 해주지 못한다.

이럴 경우에는 주의 깊게 환자의 감추어진 세계, 무시해왔던 세계에 다시 접근할 필요가 있다. 치료는 바로 이러한 비밀의 공간을 함께 나누고, 그곳에서 그의 이야기나 그의 말을 통해서 현실에 대한 또 다른 생각, 또 다른 연상, 또 다른 상징적 표현을 찾아내는 것이다. 결국, 치료는 언어의 은유적 가치를 되살리고, 모든 이야기의 무의식적 측면을 회복하는 데 있다.

왜냐하면 만일 의사소통이 확실히 말에 근거를 두고 있다고 한다면, 그것은 또한 침묵, 억양, 어조, 운율, 감각, 동작으로 이루어진다고 할 수 있기 때문이다. 한 개인이 다른 개인에게 감정을 전달하게 하기 위한 수단으로는 말 이외에도 다른 수단들이 얼마든지 있다.

아이가 '모든 것을 말하기'를 원하거나 '아이에게 모든 것을 말하게' 하면서, 수많은 부모들은 아이들의 내면의 공간 속으로 침입한다. 스스로 잘하고 있다고 믿으면서, 그들은 꿈꾸고 환상을 품고 생각을 할 수 있는 아이의 능력에 손상을 입히고 있다.

사춘기는 특히 내면의 경계가 문제가 되는 시기다. 얼마나 많은 부모들이 '사춘기'를 보내고 있는 자신의 자녀가 자유, 자율성, 즉 비밀을 가지고싶어하는 것을 인정하지 못하고 있는가? 얼마나 많은 부모들이 사춘기 자녀의 비밀 일기나 편지를 읽고 싶어하며, 그들의 가방, 호주머니, 지갑을 뒤지고 싶어하고, 문자메시지와 이메일의 내용을 훔쳐보고 싶어하는가? 하지만 그런 '정보'를 알게 된다고 하더라도, 도대체 그 '정보'로 무엇을 할 수 있겠는가?

"이 정보를 알아내기 위해서 아이의 편지를 읽었다는 사실을 아이에게 어떻게 말해야 할까요? 아이가 엄마는 자신의 내면을 존중하지 않는다고 생각하는 것도 일리가 있어요." 한 엄마가 말했다. 또 다른 엄마는 딸의 일기에 쓰여 있는 글을 보고 놀랐다고 한다. 일기장에는 이렇게 쓰여 있었다. "엄마, 내 일기를 훔쳐보시다니 엄마는 정말 형편없어요."

사춘기 아이들은 나름대로 자신의 비밀을 지키기 위해서 적극적으로 싸운다. 그것은 자신의 인성이나 자신에 대한 신뢰와 관련된 문제이기 때문이다. 사춘기 시절에 만들어진 이 내면의 공간은 다른 사람과의 관계에 있어서 은신처나 보호막으로 사용될 수 있다. 누군가에게 모든 것을 말하게 하는 것은 그로 하여금 하나의 정체성 속에 갇혀서 꼼짝 못하게 만들 수 있으며, 동시에 싹 트고 있는 그의 자율성을 잃어버리게 만들 수도 있다.

대부분의 경우 사춘기 아이들로부터 신뢰를 얻기가 그토록 어려운 것도 바로 이런 이유 때문이다. 만일 몇몇 사람들이 '모든 것을 말하며' '모든 것을 보여줄' 의지가 있다고 표명한다면, 그것은 단지 그 자신의 본질을 감추려는 또 다른 방법일 뿐이다.

자신의 사춘기 자녀를 '로프트Loft'에 가두어두고 매 순간 그들의 삶을 지켜보고 싶어하는 관음증 환자가 되어버린 부모에 대해서, 그리고 그러한 텔레비전 방송 프로그램을 만들어낸 사회에 대해서 어떻게 생각하는가? 사춘기 아이들은 거친 말을 내뱉는 것 말고는 그 어떤 것도 어른들의 세상을 열광시킬 수 없다고 결론 내리게 되지 않을까?

사적인 부분과 공적인 부분 사이의 경계가 더 이상 모호해질 때, 사회적 불안은 더욱 커질 수밖에 없다.

"나는 비밀을 좋아합니다. 그것은 소속되지 않았다는 느낌과 분명한 관련이 있습니다.
나는 정치 분야, 예를 들면 더 이상 비밀이 들어설 어떤 자리도 만들어주지 않는
공적 분야에 직면하게 되면 두려움과 공포를 느낍니다.
모든 것이 공적 장소에서 밝혀져야 하며,
더 이상 깊은 사색을 할 수 있는 내면의 공간이 허락되지 않는다면,
그것은 민주주의가 전체주의화된다는 명백한 신호입니다.
나는 정치 윤리의 관점에서 분명히 말할 수 있습니다.
만일 비밀에 대한 권리가 유지되지 않는다면,
우리는 전체주의 체제하에 놓여 있는 것입니다."

– 쟈크 데리다Jacques Derrida (2001)[1]

Chapter
08

비밀과 사회:
기증과 포기

몇몇 비밀은 국가로부터 보호를 받기
도 한다. 그럴 경우에 국가는 개인들 사이의 중재 기관이 된다.

사망한 사람이 살아 있는 사람에게 장기를 기증하는 경우는
항상 익명으로 이루어진다. 대부분의 경우(94%)에, 장기 기증은
뇌사 상태에서 이루어진다. 기증자(살아 있는 경우)와 수증자가
한집안 출신인 장기 이식의 경우를 제외하고, 장기를 기증받는

사람은 기증하는 사람에 대해서 알지 못한다. 기증자가 살아 있는 경우(6%)의 장기 이식은 기증자의 생명을 위험에 빠뜨리지 않는 몇몇 유형의 수술(간, 신장, 조혈모세포, 허파)에 제한된다. 이와는 반대로 심장 이식의 경우처럼 기증자가 사망한 경우에 가능한 장기 기증은 늘 가까운 사람이 아니라 익명의 사람을 통해서 이루어진다.

여기서 '익명'이라고 말하는 것 역시 정확하지는 않다. 왜냐하면 제3자인 의료인은 장기를 기증받는 사람뿐만 아니라 장기를 기증하는 사람에 대해서도 잘 알고 있기 때문이다. 따라서 수증자의 가족들에게 그 사실을 폭로하는 것이 금지된 제3자의 의료인만이 알고 있는 비밀이라고 말해야 할 것이다. 설령 감사를 표현하려는 마음에서라도, 기증자의 정체에 대한 비밀을 파헤치는 것은 금지되어 있다. 전혀 정보가 없는 이러한 상황에서는 상상력이 강하게 발동한다.

하지만 수술 도중 수술에 필요한 수혈을 가능하게 해준 헌혈자의 정체에 대해서 궁금해 하는 경우는 드물다. 설령 이런 의문이 제기된다고 하더라도, 혈액은 살아 있는 기증자로부터 제공된 것이기 때문에 기증받는 사람이 기증한 사람들에 대해서 상상한다고 하더라도 큰 문제는 없을 것이다.

자신에게 장기를 기증한 사람이 필연적으로 사망했으며, 그가 마지막으로 호흡한 순간에 의사들의 도움으로 기증의 행위가 이루어졌다는 사실을 수증자가 구체적으로 알게 되는 경우라면 문제는 복잡해진다.

그럴 경우에 사람들은 이런 상황이 제기할 수 있는 문제들과 그와 관련 있는 상상을 하게 된다. 예를 들어 심장 기증의 경우를 상상해보자. 수증자는 분명히 기증자가 어떻게 죽었는지 궁금해할 것이다. 또한 다음과 같은 사실을 궁금해 할는지도 모른다. 그는 누구였을까? 그에게 남겨진 가족은 있을까? 그는 무엇을 하는 것을 좋아했을까? 그의 직업은 무엇이었을까? 그에게 아이들이 있었을까? 그는 용감한 사람이었을까? 내가 그 사람의 심장을 받을 자격이 있을까? 기증자의 주변 사람들의 경우는 어떨까? 그들은 수증자를 알고 싶어하지 않을까?

대부분의 경우에 국가가 나서서 종지부를 찍을 수 있는, 수많은 합법적인 문제들이 제기될 수 있다. 대부분의 나라에서 기증은 익명과 무상을 원칙으로 이루어진다. 그리고 수증자뿐만 아니라 기증자의 정체는 비밀로 유지되어야 한다.

하지만 규칙은 종종 위반된다.

***

심각한 심장 질환을 앓고 있는 한 사람이 장기 이식을 기다리고 있다.

결국 그에게 이식 적합한 심장이 나타났다.

이식 수술에 성공하기 위해서는 수증자의 면역 체계를 그에 적합한 상태로 만들 필요가 있다. 수증자의 면역 체계는 알지 못하던 이 장기를 자신의 것으로 받아들여야만 한다. '새로운 심장'에 대한 거부 반응으로 나타날 위험을 줄이기 위해서 수술 과정에 늘 면역 억제 처치가 실시된다.

이러한 이식 수술이 있은 후, 환자는 남은 삶을 위해서 퇴원한다. 이식 수술 후에 의사가 실시한 모든 검사는 긍정적인 반응을 보인다. 환자는 어떤 거부 반응의 징후도 보이지 않는다. 장기 이식은 성공한 것으로 간주된다.

기증자의 어머니가 수증자의 집 초인종을 누르기 전까지는 말이다. 기증자의 어머니는 익명 기증의 원칙을 어기고 수증자의 이름을 찾아내고 그의 주소까지 알아냈다. 그녀는 수증자에게 죽은 자신의 아들에 대해서 이야기하고, 그의 사진을 보여주기도 하고, 그의 추도식에 참석해달라고 말한다.

이런 갑작스러운 방문 후에, 환자는 의학적 차원에서 설명할 수 없는 심장의 거부 반응으로 고통스러워하기 시작한다. 그때까지 모든 이식 과정은 잘 이루어졌었고, 그의 몸은 뛰어난 내성을 보여주었다. 그런데 기증자의 어머니를 알게 된 순간부터 그의 몸은 면역 거부 반응을 강하게 보이기 시작했다.

환자는 수차례 입원을 반복한다. 의사들은 결국 문제를 해결하는 데 실패하고, 2차 장기 이식 수술을 고려한다. 환자는 망설인다. 자신이 두 번째 기회에 대한 권리가 있을까? 이러한 감정에 대해서 더 이상 말로 표현할 수는 없지만, 환자는 기증자에 대해서 죄책감을 느낀다.

환자는 어떤 처치로도 진정시킬 수 없었던 이식된 장기에 대한 심각한 거부 반응으로 병원에서 사망한다.

심장 장기 이식의 기술적 측면은 종종 그 수술에 잠재된 심리적 측면을 감추는 경향이 있다. 위의 예에서처럼 심리적 측면은 종종 갑작스러운 방식으로 드러나곤 한다.[2]

장기 이식은 종종 우울증으로 이어지기도 한다. 따라서 장기 이식의 경우에 육체적 차원(인체가 받아들여야 하는 내적인 변화)뿐만 아니라 심리적 차원(그것이 유발하는 상실감)에서 발생할 수 있는 문제를 예방하는 것이 중요하다. 스토라Stora가 "그러한 상태는 환자의 면역 체계를 쇠약하게 만들 수 있다. 환자가 장기 이식에 대해서 심리적으로 더 잘 받아들이도록 도와줄수록, 환자의 면역체계는 더욱 강화된다."[3]고 말했던 것처럼 말이다. 따라서 장기 이식의 경우에 육체적 차원, 그리고 심리적 차원에서의 전반적인 접근을 통해서 거부 반응을 최대한 예방하는 것이 중요하다.

면역력과 심리 구조 사이의 관계가 다양한 임상 결과와 설득력 있는 실험을 통해서 알려지고 연구되기 시작한 것은 약 50년

정도 되었다.[6] 누구나 일상 속에서 심리적 갈등에 대한 육체적 반응을 경험해본 적이 있을 것이다. 스트레스를 심각할 정도로 많이 받던 시기에 한 번쯤 병에 걸려보지 않은 사람이 있을까? 중요한 시험이나 입사 면접을 앞두고 구협염*, 감기, 기관지염에 한 번도 걸려보지 않은 사람이 있을까?

이러한 정신신체의학적**인 가설은 심리구조, 신경체계, 면역체계 사이의 밀접한 상관관계를 설명해준다.

따라서 장기 이식의 성공 여부는 어느 정도 심리적 갈등을 잘 해결하고 그 밖의 문제들을 무시할 수 있는 수증자의 능력에 달려있다. 생존을 위해서 무시하는 것, 이것이 바로 우리가 출발점으로 삼게 될 가설이다.

심장 이식은 의식적이거나 무의식적이며 서로 모순이 되는 다양한 논리들을 동원하게 된다. 그 첫 번째는 모든 개인이 추구하는 생의 논리, 즉 우리가 생존 본능이라고 부르는 것이다.

한 개인이 병에 걸리게 되면, 그의 육체는 갑작스럽게 즐거움의 근원이 아니라 고통의 근원이 된다. 디드로Diderot의 정의에 의하면 건강은 장기들의 침묵 상태다. 그와는 반대로 질병은 비밀이 갑작스럽게 노출된 상태, 육체가 격렬하게 아우성치는 상태다. 고통에 의해서 침묵이 깨어지고, 육체는 극도로 복잡하고 아

---

* 인두 및 구개 편도에 생기는 급성 염증.
** 육체적 질병을 정신적 원인과 연관지어 연구하고 치료하는 학문.

주 낯선 상태에서, 그리고 그때까지 은밀하게 작동하던 기능을 비롯하여 모든 것을 밖으로 드러내게 된다.

아픈 개인에게 죽음은 언제라도 닥칠 수 있는 현실이 된다. 불치병이라는 선고를 받게 되면, 우리는 존재의 유한성에 대해서 생각하게 된다. 영원히 살 수 있을 것 같던 느낌은 사라지고 체념의 징후들이 나타나기 시작한다.[5] 우리는 더 이상 미래를 계획하지 않게 된다. 과거를 떠올리면 후회만 될 뿐이다. 옳건 그르건 간에 모든 것이 질병과 연결이 된다. "내가 더 조심을 했어야 하는 건데…"

이러한 체념의 단계를 거치던 심장병 환자에게 심장 이식 수술의 기회가 무슨 의미를 나타내는지에 대해서 누구나 어렴풋이나마 상상할 수 있을 것이다.

미래는 다시 꿈꿀 수 있는 것이 되고, 과거는 다시 현재에 의미를 주게 된다. 하지만 이러한 새로운 삶, 새로운 탄생이 현실이 되기 위해서 개인은 이와는 반대되는 논리, 즉 자신의 삶이 누군가의 죽음을 전제로 해야 한다는 논리에 부딪힐 필요가 있다. 누구나 이러한 치명적인 논리를 받아들이기가 힘들 것이다.

이식에 필요한 비용은 만만치 않으며, 그로 인한 빚은 눈덩이처럼 불어난다. 과연 이 빚을 다 갚을 수 있을까? 삶과 죽음을 거래했다는 죄책감이 항상 존재하지만 늘 의식적인 방식으로만 나타나는 것은 아니다. 한 사람의 죽음의 증거이자 또 다른 사람에게 새로운 생명을 안겨준 이식된 심장은 그 당사자로 하여금 늘 모순된 생각을 하게 한다.

이 심장은 환자로 하여금 다른 사람의 죽음 덕분에 간신히 피할 수 있었던 그 자신의 죽음, 그리고 이식 거부 반응으로 인해서 여전히 위협받고 있는 그 자신의 죽음을 떠올리게 한다. 이런 일을 피하기 위해서 이 낯선 심장은 새로운 주인의 몸에 익숙해져야만 한다. 그의 육체뿐만 아니라(이 부분에 대해서는 면역억제제*가 책임을 질 것이다), 심리구조에 대해서도 말이다.

장기를 이식받은 당사자가, 태어나면서부터 자신의 일부였던 몸의 일부를 다른 것으로 대체하면서 느끼게 되는 심리적 상실감을 더 이상 느끼지 않게 된다면, 그 이식 수술은 성공할 수 있다.[6]

성공하기 위해서는 반드시 환상이 필요하다는 점에서 장기 이식은 입양의 경우와 다르지 않다. 하지만 이 경우의 환상은 다른 누군가의 죽음에 대한 욕망, 누구에게도 차마 고백할 수 없는 욕망에 근거한다. 어떻게 내가 살아남기 위해서 다른 사람의 죽음을 바랄 수 있을까? 이런 잔인한 환상은 익명과 무상을 원칙으로 설립된 장기이식단체에 의해서 약간 누그러질 수 있다.

사회는 이 말로 표현할 수 없는 욕망에 대해서 책임을 진다. 장기 이식의 수증자에게 기증자가 어떻게 사망했는지, 이식 가능한

---

* 생체 내에서 면역반응으로 조직이 장애를 받아 병이 일어나는 경우가 있는데, 이럴 경우를 대비하여 생체의 면역반응을 억제하는 약제.

장기가 여러 명의 이식 희망자들에게 적합한 상황에서 어떤 기준으로 수증자를 선택했는지, 혹은 기증자가 어떤 사람이었는지에 대한 모든 정보를 금지함으로써, 법은 수증자의 상상력을 가볍게 해준다. 따라서 법이 보장하는 이러한 비밀은 수증자로서는 감당하기 힘든 현실, 그리고 끝없는 죄책감으로부터 그를 보호해준다.

장기 기증과 관련된 사항이 비밀에 부쳐지기 때문에, 장기를 기증받은 사람은 잠재적인 모든 기증자, 즉 자신에게 장기를 줄 수 있는 사람이라면 누구라도 죽기를 희망했다는 사실을 무시할 수 있다.

장기 이식과 관련된 비밀이 갑자기 밝혀지면, 수증자의 심리 구조는 더 이상 단지 생명을 전하는 매개체일 뿐인 이 장기가 자신과 오래 전부터 함께 해온 몸의 일부라는 듯이, 그리고 장기 이식은 알 수 없는 누군가로부터의 기증일 뿐이지 상환해야 할 부채가 아니라는 듯이 움직일 수가 없어진다.

지금까지 살펴봤던 장기 기증의 이야기는 해결 불가능한 강한 심리적 갈등을 상상할 수 있게 해준다. 다른 사람의 현실이 상을 당한 어머니의 형태로 갑작스럽게 장기를 기증받은 사람의 인생에 개입한다. 그 순간부터 장기 기증은 더 이상 사회에 대한 익명의 기증이 아닌, 개인에 대한 개인의 기증이 된다. 기증자의 어머니는 수증자에게 기증자의 추도식에 참석하는 것으로 그에 대한 빚을 갚을 수 있는 가능성을 제시한다. 하지만 이것만으로 죄책감의 문제가 모두 해결될까?

그때까지 지켜져 온 기증자의 정체에 대한 비밀은 수증자를 이러한 의문들로부터 보호해주었다. 갑작스러운 비밀의 폭로는 수증자에게 모든 사고를 중단시킬 수 있는 심리적 충격으로 작용할 수 있다. 이러한 임상의 예에서, 그 자신에게 다시 낯선 것이 되어버린 심장의 거부 반응으로 인한 죽음으로 환자는 자신의 빚을 갚을 수 있었다.

강한 정신적 충격은 스스로 받아들이거나 인정할 수 있는 범위를 넘어선 현실이 갑작스럽게 심리 구조로 침입하는 것과 관련이 있다.

알레한드로 곤잘레츠 이냐리투Alejandro Gonzalez Inarritu 감독은 영화 「21그램21 grams」(2003)에서 위의 경우와 반대되는 상황을 상상했다. 이 영화에서 심장 이식 덕분에 생명을 구한 한 남자는 기증자의 죽음을 애도하고 있는 한 여자를 찾아간다. 그 역시 익명 기증의 원칙을 어긴 것이다. 그 결과는 비슷하다. 기증자를 찾아나서면서부터 그의 심장은 거부 반응을 일으키기 시작한다. 그리고 그가 이 여자의 삶 속으로 들어감에 따라 거부 반응은 점점 더 악화된다. 서로 만나지 말았어야 하는 두 운명의 만남이 남자를 때 이른 죽음으로 몰고 간다.

장기를 기증받는 사람은 이러한 갈등을 해결하기 위해서 상당한 심리 작업을 실시해야만 한다. 심리 작업의 도움과 더불어, 환자는 또한 장기 기증과 관련된 비밀을 보장해주는 법의 도움으로 기증자의 세상과 충돌을 피할 수 있어야 한다. 만일 비밀이 지켜진다면, 수증자는 단지 상상이나 공상을 통해서만 기증자를 그려볼 수 있을 뿐이다. 또한 그는 그 빚을 어떤 방식으로든 갚을 것을 결코 요구당하지 않을 것이다.

사실 우리가 이 빚의 가치를 어떻게 측정할 수 있겠는가? 과연 생명의 가격을 무엇으로 매길 수 있겠는가? 장기 기증과 관련하여, 우리가 의식적 차원에서 대답할 수 없으며 사회가 책임을 지게 될 수많은 질문들이 있다.

사회에 대해 감사를 표현하는 것으로 장기를 기증받은 사람은 기증자에 대한 무한한 부채를 줄일 수 있다. 신장-췌장 이식에 성공한 개인적 경험을 바탕으로 필립 바리에Philippe Barrier는 개인의 차원을 넘어서는 부채의 개념을 다음과 같이 잘 요약했다. "나는 각자에게, 모두에게, 삶 그 자체에 감사를 드립니다. 내 안에서 나와 하나가 되어버린 이 알 수 없는 누군가에 대해서도 감사를 드립니다. 내가 감사해야 할 대상은 세상 전체에 널려 있습니다."[7]

'익명의 누군가...', 이것은 우리로 하여금 비밀과 기부의 특징에 대해서 의문을 품게 만든다. 이 개념은 사회계약과 권리에 대한 루소의 주장에 부합하는 것이다.

기증자의 죽음을 초래할 수밖에 없는 장기 기증과, 그로 인해서 생기는 비밀과 관련하여 권리에 대한 두 가지 개념을 살펴볼 수 있다.

그 중 한 가지는 홉스Hobbes와 로크Locke가 주장했던 개인주의적 관점이다. 홉스와 로크는 사회를 자유롭고 독립적인 개인들 간의 상호 작용으로 간주했다.

이것은 그 속성이 문화나 법적 산물과는 완전히 독립적인, 실리적이고 개인주의적인 윤리와 관련이 있다. 이것은 또한 사회적 규칙이 모든 것을 지배해야 한다는 윤리이기도 하다.

코먼 로common law 국가에서 비롯된 이러한 전통 속에서, 법은 자유롭고 개인주의적인 철학으로 특징지어진다. 코먼 로는 개개인의 윤리가 사생활을 이끌어 가야 한다고 제안한다. 개인의 행복을 실현하기 위해서 악을 최소화하고 선을 최대화할 필요가 있다. 이러한 관점에서 개인의 모든 욕구를 실현시키기 위해서는 사회의 규칙을 바꾸는 것으로 충분할지도 모른다. 그러기 위해서 개인은 상호적인 방법이 아니라 주관적이고 나르시즘적인 방법으로 자신의 관심이 어디에 있는지 알고 있을 것을 전제로 한다. 명백하고 이성적인 이야기가 진실이고 좋은 것으로 간주되는 사회에서는 주관적인 것만이 절대진실이 존재하는 유일한 장소가 된다는 것이다.

사회 계약의 전통에서 비롯된 또 다른 개념은 보편적 의지를 특별한 의지 우위에 둔다. 루소는 "그 자체로 완벽하고 독자적인 총체인 개인은 그 자신의 삶과 존재를 어느 정도 받아들일 수 있는 더 큰 총체의 일부가 될 필요가 있다."[8]고 말했다.

여기서, 개인의 육체는 개인의 소유가 아니라 보다 보편적으로 국가의 소유가 된다. 국가는 개인에게 사회적 지위를 부여해주고, 개인을 통치하고 보호해주면서 동시에 초월적인 권력에 예속시킬 수 있다. 장기 기증의 익명이나 무상 원칙과 관련된 법률 문서는 바로 육체에 대한 이러한 개념에서 비롯된 것이다.

중요한 사실은 우리 각자가 공적 영역에서 다른 사람들과 다시 결합된다는 점이다. 개인적인 것으로 국한시킬 수 없으며, 개인이나 개인의 삶을 뛰어넘는 영역이 개개인에게 존재한다. 이러한 개념에서, 중요한 문제는 각자의 관심에 따라 다양하게 분열된 개인적 권리가 아니라 공적인 영역에 의해서 지배된다.

비밀은 본질적으로, 기부에 대해서 집단적으로 책임을 짊어짐으로써 개인적 차원을 넘어설 수 있게 해주는 인간 윤리의 개념과 관련이 있을 수밖에 없다. 비밀은 제3자, 여기서는 법이라는 매개체가 개입하게 함으로써 윤리가 들어설 자리를 마련해준다. 그렇기 때문에 바리에는 자신에게 장기 기증을 해줌과 동시에 새로운 삶을 기증해 준 사회적 총체에 감사를 표현할 수 있었던 것이다.

＊＊＊

생식세포 기증이나 익명 출산과 같은 또 다른 의료 상황에서
도 장기 기증의 경우와 비슷한 윤리적 문제를 발견할 수 있다.

1973년에 CECOS(Centres d' étude et de conservation des œufs et du
sperme humains, 인간 난자와 정자의 보존 및 연구 기관)는 실행에
관한 기본 윤리 규칙을 정하였는데, 이것은 곧 법으로 제정되었
다. "정자의 기증은 출산을 경험한 부부가 사전에 인공수정에 동
의한 불임 부부에게 익명과 무상을 원칙으로 이루어져야 한다."

생식세포(난자 혹은 정자) 기증자는 그로 인해서 태어나게 될
아이의 엄마 혹은 아빠로 인정될 수 없다. 기증으로 인해 나타날
수 있는 아이의 생물학적 특징은 정서적 차원에서나 법률적 차원
에서 혈족 관계와 아무런 관련이 없다. 이것은 어떠한 경우에도
아이가 아닌 단지 생식 세포의 기증일 뿐이다. 희망을 전달하게
될 이 '생명체'의 기증은 장기 기증의 경우와 비슷하다. 이 수정
체에서 생겨나게 될 생명은 더 이상 기증자와 아무런 관련이 없
다. 기증자들의 이타적 행동은 종종 그들 자신이 겪었을지도 모
르는 불임이라는 아픔을 겪고 있는 부부들에 대한 동정심에서 유
발되곤 한다. 그에 반해서, 생식 세포를 기증받고자 하는 사람이
독신인지를 식별해내는 것은 거의 불가능에 가까울 정도로 힘들
다. CECOS가 실시한 조사에 의하면, 기증자들은 자신들이 기증

한 생식 세포가 독신인 수증자에게 사용된다면 기증을 거부할 것이라고 밝히기도 했다.[9]

뿐만 아니라 기증자들은 익명 보장이 자신들이 기증을 하는 데 있어서 필수적인 요소라고 생각한다. 다시 한번 말하자면, 이 경우에 익명이라고 말하기보다는 기증자에 대해서 완벽하게 알고 있는 제3의 의료진만이 알고 있는 비밀이라고 해야 할 것이다.

장기 기증의 경우와 마찬가지로 이 경우에 있어서도, 비밀은 기증이 개인과 사회 사이에 이루어진 것이라는 개념을 강화해 준다. 즉, 기증자는 개인에게 기증하는 것이 아니라 집단에게 기증하는 것이다.

익명 원칙을 옹호하는 또 다른 주장은 기증자에 대해서 수증자 부부가 안게 될 부채 문제와 관련된 것이다. 장기 기증의 경우와 마찬가지로, 이 상징적이면서 동시에 실질적인 부채는 만일 익명이 보장된다면 그리 무거운 것이 아닐 것이다. 익명이 법으로 보장되지 않는 스웨덴과 같은 국가에서 기증자의 수가 상대적으로 적다는 사실에서 알 수 있듯이, 익명 보장은 기증자에게도 안심이 되는 원칙이다.

하지만 이 원칙은 실제로 아동의 '자신의 출생에 대해 알 권리' 라는 명목으로 문제의 대상이 되고 있다. 이러한 주장은 아동은 '자신의 부모를 알고, 그들의 손에 키워질 권리' 가 있다는 아동의 권리 협약 제7조에 근거하고 있다.

이러한 주장을 하는 사람은 이 협약이 제정된 첫 번째 동기를 모르고 있다. 이 협약은 전체주의 국가 내에서 아동에 대한 유괴를 막기 위한 것이었다. 뿐만 아니라 이 조항을 주장의 근거로 내세운다면, 그것은 단지 부모의 개념에 대한 '생물학적' 의미에만 매달리는 것이다.

기증자의 익명을 보장해준다는 것은 어떠한 방식으로도 '아이의 친아버지를 감추려는' 의도가 아니다. 부모를 생물학적 산물의 기증자와 동일시하지 않는다면 말이다.

기증자의 익명 보장 문제에 대한 회의를 하던 도중에, 한 동료 심리학자는 정체를 알 수 없는 액체 속에 두 개의 고환이 떠다니고 있는 시험관에 대고 한 아기가 "아빠"라고 부르는 그림을 그려 보였다. 그리고 전설적인 질문을 던졌다. "과연 아빠père일까요? 고환 한 쌍paire일까요?"

때로 말장난은 심리적 진실을 가려내는 기능을 하곤 한다. 이 질문은 아버지의 자격에 대해서 노골적으로 문제 삼고 있다.

아버지라는 자격은 한 개인이 스스로 아버지라는 사실을 받아들일 수 있으며, 다른 사람들로부터 그렇게 인정을 받을 수 있게 해주는 전반적인 과정을 통해서 부여되는 것이다.

기증자의 익명 보장은 수증자 부부로 하여금 다른 사람의 생물학적 산물을 자신의 것으로 받아들이는 것을 보다 쉽게 해주며, 그들로 하여금 부모로서의 위치에 대해서 확신을 가지고 안심할 수 있게 해준다. 우리는 여기서도 가족 관계를 뒷받침해주는 허구의 이야기가 잘 작동하도록, "마치 그러한 것처럼 행동하고" 현실에 잘 순응하는 심리구조의 능력을 확인할 수 있다.

이 논쟁은 또한 또 다른 문제를 제기할 수 있다. 부모는 과연 아이에게 그의 임신 과정에 대해서 이야기해야만 할까? 이 질문에 대한 대답은 또 다른 문제로 이어진다. 이 과정에서 부모는 아이나 사회에 대해 수치심이나 죄책감을 느끼게 되지 않을까? 부모는 지나치게 의학적 현실에 사로잡혀서 다른 사람의 정자, 난자가 그들 자신에게서, 바로 그들 자신의 아이에 대한 욕망에서 비롯된 것처럼 행동할 수 없게 되지는 않을까?

사실상 부부가 아이를 완전히 자신들의 아이로 받아들일 수 있을 때, 부부는 이 기증에 대해서도 자신의 것으로 확신할 수 있다. 아이의 출생의 근원은 그들 부부의 아이에 대한 욕망 속에 있다. 아이들은 누구나 이러한 궁금증을 느끼며, 자신의 출생과 관련된 비밀을 알고 싶어한다.

앞서 확인하였듯이, 아이들은 자신의 부모가 정서적 측면에서나 심리적 측면에서 부모로서의 입장을 분명히 한다면, 부모 자식 간의 감정을 단순한 생물학적 유사성과 혼동하지는 않을 것이다.

따라서 부모가 어떠한 수치심이나 죄책감 없이 아이에 대해

분명한 입장을 취하는 것이 아이의 의학적 임신 과정을 설명해주는 것보다 낫다는 것이다. 아이와 친밀한 관계를 유지하는 것도 한 가지 방법이 될 것이다.

***

'X출산'*이라고 일컬어지는 익명 출산의 경우에, 그 엄마는 아이를 포기하면서 자신의 인적사항에 대해서 아무런 말도 하지 않을 수 있다.

하지만 '아이를 위해서'라는 명목으로 아이의 엄마는 자신의 인적사항을 밝혀야 한다는 사회의 압력이 거세지고 있다.

"아이를 출산하면서 보건사회국에 자신의 인적사항을 비밀로 해줄 것을 요구하는 모든 여성들은 자신의 근본과 과거를 알고 싶은 욕구가 사람들에게 얼마나 중요한 것인지, 그리고 이러한 요구가 법적으로 어떤 결과를 가져오게 될지에 대한 설명을 듣게 된다."(2002년 1월 22일 발표된 법제 2002-93조)

이 새로운 법률은 '아이를 위해서' 자신의 근본을 알고 싶은

---

* 산모가 병원에서 출산을 할 때 자신의 신분을 밝히지 않고 익명으로 출산을 하는 제도. 이 제도가 시행 중인 나라는 프랑스와 룩셈부르크밖에 없다. X출산을 하는 이유에는 여러 가지가 있겠지만, 산부인과에서 X출산에 동의한다는 서약서에 서명을 하면 출산에 필요한 모든 비용을 병원(결국 국가)에서 부담하게 되어 있으며, 태어나는 아이는 자신의 부모가 누구인지 모르는 상태에서 곧바로 다른 집으로 입양된다.

욕구의 중요성을 무시하고서 자신의 인적사항을 밝히지 않기로 결정한 여자들을 무겁게 짓누르게 될 죄책감까지 예상하여 명시하고 있다.

극악무도한 이기주의자로 간주되는 이러한 자격 없는 엄마들은 그들의 비난받아 마땅한 침묵을 통해서 '아이들의 알 권리'를 희생시키게 될지도 모른다. "따라서 어머니 자신이 동의한다면, 어머니는 비밀봉투 속에 자신의 인적사항, 건강 상태, 아이 아버지의 건강 상태, 아이의 출생 환경 등에 대한 기록을 남겨놓을 수 있다. 이 경우에 어머니는 자신의 인적사항을 언제라도 밝힐 수 있으며, 만일 그런 경우가 아니라면 어머니의 인적사항은 단지 법제 L. 147-6항에 명시된 조건하에서만 열람될 수 있다는 사실을 통보받는다."

법은 엄마에게 말할 것을 강요하는 대신, 엄마로 하여금 말하도록 권유하고 있다. 국가는 엄마에게 '자신의 근본'에 대해서 알고 싶어하게 될 그녀의 자녀에게 전하고 싶은 정보를 남겨두라고 권한다.

지금 우리는 포기에 대한 임상적 현실과 너무나도 동떨어져 있으며, 아기의 심리적 욕구를 너무도 모르는 이러한 법률이 어떻게 세상의 빛을 보게 되었는지를 분석하고자 하는 것이 아니다. 단지 '침묵에 대한 죄책감'이 어떻게 학대와 비슷한 심리적 폭력의 한 형태가 될 수 있는지를 보여주고자 하는 것이다.

아기를 포기할 생각을 가진 여자들의 담당의사들은 임신을 거부했던 여자들이 아기를 포기하는 경우가 많다고 말한다.[10] 자신을 방어하려는 신호라고 할 수도 있는 이러한 증상들은 때로 이상한 방식으로 나타나기도 한다. "저는 임신을 하지 않았어요. 그래서 한 달 내에 출산을 할 수 없어요." 이런 이야기는 상담 중에 종종 접하게 된다.

머리는 육체가 준비하고 있는 일에 대해서 아무 것도 알고 싶어하지 않는다. 아기가 태어날 것이라는 사실을 심리적으로 받아들일 수 없는 한 비밀은 잘 간직될 수 있다. 이러한 상황에서 임신한 여자가 어떻게 아이의 미래에 대해서 생각할 수 있겠는가? 단지 출산하기 몇 주 혹은 며칠 전에야 그 존재를 알게 된 아이에 대해서 말이다.

소피 마리노풀로스Sophie Marinopoulos에 의하면, 이런 상황에 처해있는 여자가 자신의 삶에 대해 이야기하고, 자신의 인적사항을 밝히고, 결국 그것을 자신의 아이에게 전할 수 있으려면, 우선 그녀가 인간적으로 환영받고, 존엄성을 인정받고, 고통을 이해받을 수 있어야 한다. 다시 말하면, 그녀는 무엇보다 "모든 것을 말한다"는 조건하에서가 아니라 있는 모습 그대로 자신이 받아들여지고 있다고 느낄 수 있어야 한다. 그럴 때 그녀는 우리가 그녀에게 관심을 가지고 있으며, 그녀가 겪은 일들에 귀를 기울일 준비가 되었다는 확신을 얻을 수 있다. 마음의 소리에 귀를 기울이는 특별한 경청 능력은, 결국 의식적 차원에서 생각할 수 없었던 것이 전달되도록 말할 수 있게 해준다. "말은 사고 과정을 도와준다. 결국 이 사고 과정을 통하여 엄마가 아이의 출산에 대해서 이야기할 수 있게 되면서, 아이는 결국 엄마의 머리 속에서도 탄생할 수 있게 된다."[11]

이렇게 해서 말은 단지 환경이 허락할 경우에만 밝혀질 수 있는 내면의 감추어진 비밀을 전달하게 될 것이다. 하지만 이 환경은 또한 당사자로 하여금 아무 것도 말하지 않을 자유가 있음을 느낄 수 있게 해주어야 한다. 삐에라 아울랑그니에Piera Aulangnier가 말했던 것처럼, 그것은 생각을 할 수 있기 위한 본질적 조건 중 하나다. "블랑쇼Blanchot가 글로 잘 표현했던 것처럼, 모든 것을 말할 수 있는 권리가 인간의 자유 중 한 가지라면, 모든 것을 말하라는 명령은 그 대상에게 절대적 노예 상태를 강요하고, 그를 말하는 로봇으로 바꾸려고 한다는 것을 뜻한다. [...] 생각할 수 있는 권리와 가능성을 보존하는 것, 보다 간단히 말해서, 생각하기 위해서 우리는 말로 표현할 수 있는 생각과 비밀로 간직하고자 하는 생각을 선택할 수 있어야 한다. 이것은 '내' 가 기능하기 위한 치명적인 조건이다."[12]

엄마가 자신의 인적사항에 대해 비밀로 간직하고, 보건사회국이나 사회단체에 자신의 익명성을 유지하고자 결심했다면, 이 침묵이 무슨 의미일지에 대해서 생각해볼 필요가 있다.

법에 의해서, 혹은 오직 그녀의 인적사항에만 관심을 보이는 사람에게 강요당하고 있다고 느낄 경우에, 그녀는 이미 살펴보았 듯이 익명성을 선택할 수 있다. 그렇지 않다면 그녀는 불안감에 사로잡혀서 병원관계자와 모든 상호작용을 피하고, 공공장소에 자신의 아기를 버릴 위험이 있기 때문이다.

익명을 선택하는 것은 때로 그녀 자신에 대해서 말로 다할 수 가 없으며, 짊어지고 가기에 너무 무거운 이야기로 얽혀 있는 자 신의 이름을 전달하지 않겠다는 의지의 한 결과일 뿐이다.

아기의 또 다른 부모가 되고자 하는 사람들은 어떠한 경우에 도 '자신의 이름을 말하지 않겠다'는 그녀의 의지에 부응해야 할 것이나.

자기 자신이나 자신의 삶에 대해서 침묵을 지키면서 이제 막 태어난 자신의 아이와 헤어지겠다는 선택은 때로 오직 엄마만이 아이를 위해서 해줄 수 있는 이야기를 모두 중단하겠다는 의지를 나타낸다.

비밀의 심리학

ÉLOGE DU SECRET

옛날에 강한 권력과 부를 가진 한 왕이 어느 시인에게 물었다.
"내가 가지고 있는 모든 것 중에서, 너에게 줄 수 있는 것은 무엇이냐?"
시인이 현명하게 대답했다.
"전하의 비밀을 빼고는 무엇이든지 상관없습니다."
– 「미스터 아카딘Mr. Arkadin」, 오슨 웰즈Orson. Welles (1955)

비밀, 사고의 수호자

의식적인 차원에서, 우리는 우리 자신에 대한 무언가를 알고 있다. 우리는 비밀스럽게 간직해온 우리의 욕망, 우리의 공상, 우리 꿈의 한 부분을 알고 있다. 다른 사람들이 보지 않는 곳에서 우리는 인성을 발달시키고, 그 인성의 가장 사회적인 면만을 드러낸다. 이러한 내면의 작업 속에서, 우리는 규칙이나 이상을 규정하고, 우리 삶에 부여하고 싶은 의미나 다른 사람들에게 보여주고 싶은 이미지를 정한다.

우리는 우리 자신에 대해서 말하고 싶은 부분만을 다른 사람들과 나누고, 말하고 싶지 않은 부분은 비밀로 간직한다. 이러한 비밀은 말로 설명할 수 없는 경험이나 내면의 대화의 결실인 관념들로 이루어진다.

때로 비밀은 과거 혹은 현재에 영향을 미치는 고통스러운 경험과 관련이 있을 수도 있다. 복잡한 생각이나 억누를 수 없는 욕망, 죄책감이나 수치심을 느끼게 한 사건처럼 말이다.

이와는 반대로 우리는 행복한 경험이나 스승과 제자의 관계, 우정이나 연인 관계와 같은 특별한 관계를 비밀로 간직하기도 한다. 영화 「매디슨 카운티의 다리*The Bridges of Madison County*」[1]에 등장하는 비밀 이야기처럼 말이다.

한 남매가 엄마의 유산을 처분하기 위해 어린 시절 살던 곳으로 되돌아온다. 그들은 엄마의 유언을 통해서 엄마의 마지막 바람을 알게 되고는 기분이 상한다. 그들의 엄마는 자신의 시신을 화장해달라는 바람을 남겼다. 그녀는 자신의 아이들에게 이런 바람에 대해서 조금이라도 얘기한 적이 없었다. 그뿐 아니라 그녀는 화장한 자신의 재를 집 근처에 있는 로즈만 다리 위에서 뿌려달라고 했다. 아이들은 엄마가 아버지 곁에 묻히기를 원하지 않는 이유를 납득하지 못한다. 그런 다음에 그들은 유언과 더불어 엄마의 침대 발치에 있는 커다란 상자를 열 수 있는 열쇠를 발견한다. 상자 속에서 두꺼운 일기장이 있었다. 일기를 통해서 그들은 1965년 여름에 일어났던 일에 대해서 알게 된다.

남편과 아이들이 잠시 집을 떠나있는 동안에, 그녀는 지나가던 사진작가와 우연한 만남을 나누게 된다. 나흘 동안 그녀는 이 만남을 통해서 그녀 자신을 재발견하게 되었다. 두 사람은 서로에게 자신을 보여주면서, 마치 정지된 듯한 시간 속에서 짧은 친밀함을 나누었다. 이 남자는 그녀로 하여금 다시 꿈꾸게 해주었고, 알지 못했던 새로운 세계를 보여주었고, 그녀가 포기했던 희망을 되살려주었다.

두 사람을 이어준 감정은 단지 격렬한 열정이 아니라 이제야 깨닫게 된 깊은 사랑이었다. "어떻게 나흘 만에 내 인생을 통째로 움켜쥘 수가 있지?" 남자가 미래를 생각하면서 혼자 중얼거렸다. 그는 그녀에게 함께 떠나자고 요구한다. 하지만 그 요청을 막 받아들이려던 마지막 순간, 그녀는 뒤로 물러난다. 그로부터 20년이 지난 후 남자가 죽자, 그녀는 남자의 유품들, 〈나흘 동안 *Four Days*〉이라는 제목의 사진집, 그리고 남자의 시신을 화장한 재가 들어있는 소포를 받는다. 그녀는 남자의 화장재를 그들의 순정적인 사랑이 시작되었던 장소, 로즈만 다리 주위에 뿌린다. 이 이야기를 읽으면서 아이들은 엄마의 마지막 부탁의 의미를 이해하게 되고, 그녀의 마지막 뜻을 따르기로 결정한다.

「매디슨 카운티의 다리」에 등장하는 이 비밀 이야기는 내가 상담실에서 듣는, 어떤 특정한 이유로 인해 이 책에 싣는 것이 불가능한 수많은 이야기들과 닮아 있다. 가까운 사람들에게 감추어 둔, 행복하거나 불행한 비밀 이야기들은 짊어지고 가기에 그리 무겁지만은 않다. 이러한 비밀은 개인의 내면의 삶을 더욱 풍요롭게 만들어줄 수도 있다.

위 이야기의 주인공은 자신의 짧은 모험에 대해서 그 누구에게도 이야기하지 않기로 결정한다. 은밀하게 일어났던 이 사건이 남은 생애 동안 고통의 근원이 되지 않았던 이유 중 하나는 여기에 있다.

자신의 욕망과 도덕적 가치 사이를 방황하던 그녀는 결국 가족을 떠나지 않기로 결심한다. 그렇다고 해서 그녀가 마치 아무런 일도 일어나지 않았던 것처럼 행동했던 것은 아니다. 그와는 반대로 그 일이 있은 후로 그녀의 인생은 더 이상 예전과 같지 않다. 다른 사람들과의 관계 역시 변화되었다. 그녀는 자신의 남편과 아이를 포함한 모든 사람들에게 더 깊은 이해심을 보여주었고 마음을 보다 활짝 열었다.

그녀가 자신의 삶을 가족에게 바치기로 선택했다면, 자신의 죽음은 이 사랑의 이야기에 바치기를 원한 것이다. 나흘간의 추억은 빛나는 선물처럼 내면의 평화, 영감, 기쁨의 근원으로 유지되었다. 그녀의 일기는 이러한 내면의 조화를 잘 보여준다. 이 나흘간의 추억은 과거의 상처가 되살아나서 우울한 상태를 유발하기보다는 그녀에게 행복을 안겨주었다. 자신의 남편과 이 남자에 대한 이중적 신의 속에서도 그녀는 평온을 유지했다. 한 사람에 대해서는 일상생활 속에서 실제로 신의를 다했으며, 또 다른 사람에게는 꿈속에서, 그리고 내면에 묻어둔 비밀로 신의를 지켰다. 이 비밀은 이 여자가 완전히 해결할 수는 없었지만, 자신이 처한 상황의 모순을 받아들이고 자신의 심리구조의 일관성을 유지할 수 있게 해준 유일한 수단이었다. 그녀는 자신의 인생에서 중요한 자리를 차지하게 된 이 사건에 대한 감정을 부인하지도 거부하지도 않았다.

우리가 〈자아분열〉이라고 부를 수도 있는 그녀의 이중성이 여기에서는 병적이지도 치명적이지도 않다. 비밀은 병적인 것이 아니다. 그녀는 이 나흘간의 추억을 생생하게 간직한 채 가족들 곁에서 엄마로서의 역할, 아내로서의 역할을 충실히 수행하면서 자신의 '이중성'을 받아들였다.

만일 그녀가 이 이야기를 누구에게도 말하지 않았다면, 그것은 차마 이 이야기를 말하는 것이 힘들었기 때문만은 아니다. 그것은 단지 그녀 자신의 선택일 뿐이었다. 이 이야기는 파괴적인 속성 때문에 '말로 할 수 없는 이야기'가 아니라, 그녀 자신의 내면을 보호하기 위해서 '말로 할 수 없는 이야기'였다. 이것은 그녀의 확고한 의지에 의한 것이었다. 따라서 그녀는 거짓말을 하기도 했다. 여기서 거짓말은 그녀 자신을 인식할 수 있고, 삶의 균형을 유지할 수 있게 해주었던 그녀의 심리적 진실을 보호해주었다.

이 비밀은 병적 침묵의 특징인 자신이나 주위 사람들에 대한 폭력적 속성을 지니고 있지 않다. 왜냐하면 그녀에게 이 비밀은 어쩔 수 없이 간직할 수밖에 없었던 비밀이 아니기 때문이다. 그녀는 의식적으로 자신의 심리 구조 속에 이 비밀의 공간을 만들었다.

또한 그녀의 내면의 삶은 이 사건으로 인해서 척박해진 것이 아니라 더욱 풍요로워졌다. 자신이 죽고 나면 비밀은 더 이상 필요하지 않기 때문에 그녀는 자신의 아이들에게 이 비밀을 털어놓기로 결정했다. 그녀는 모든 도덕적 판단 밖에서 자신이 결정한 순간에 자신이 선택한 범위 내에서, 아이들에게 이 이야기를 털어놓음으로써 자신의 비밀을 영원한 것으로 만들었다.

그녀의 비밀은 확실히 그녀의 일기를 통해서 그 중요성을 확인할 수 있는 인생의 구체적인 사건과 관련이 있을 뿐만 아니라, 이 사건이 그녀의 중심에서 차지하고 있는 역할과도 관련이 있다. 이 사건이 구체적으로 자리 잡을 수 있었기 때문에, 이것은 그녀의 내면의 공간 속으로 더 쉽게 동화될 수 있었던 것이다. 이러한 이야기를 내면에 잘 간직하는 것은 또한 자신의 욕구를 잘 알 수 있는 방법을 개발하는 것이기도 하다.

***

비밀은 다른 사람들에게 감추는 그 무엇이기 전에 자기 자신과의 은밀한 대화, 즉 내면의 깊은 사색의 결실이다. 어떻게 풀어나가는가에 따라, 그 비밀은 내면을 지켜주는 수호자가 될 수도 있고, 내면을 어지럽히는 박해자가 될 수도 있다.

자기 자신과의 이 은밀한 대화는 갈등의 요소를 가지고 있다. 갈등을 안고 있는 현실의 느닷없는 침입을 자신의 심리 구조가 어떻게 받아들일 것인가? 이 일은 쉬운 일이 아니다. 이 일에 보다 잘 대처하려면, 자신의 내면의 경험에 특히 귀를 기울이고, '마치 아무런 일도 일어나지 않았던 것처럼' 행동하지 않을 수 있도록 마음을 열어둘 필요가 있다.

개인은 심리적 갈등을 경험하면서 변화한다. 그러한 심리적 갈등을 잘 해결할 때, 개인은 한층 더 성장할 수 있다. 하지만 개인의 상징적 능력, 자신에게 닥친 사건에 의미를 부여하고 그 사건을 자신의 운명 속에 위치시킬 수 있는 능력을 넘어서는 사건은 그 개인에게 충격이 될 것이다.

미처 아무런 준비도 하지 못했지만, 자신도 모르는 사이에 억눌러두었던 자신의 욕구를 자극하는 사건에 대해서 우리는 어떻게 반응해야 할까? 갈등의 문제 중 하나는 바로 그런 점이다. 나는 이 사건을 의식적이거나 무의식적으로 바라고 있었던 것은 아닐까?

공상의 상태에 머물러야 하는 욕구와 한계를 잃어버린 행동이 서로 충돌하였을 때, 우리의 심리적 능력이 어느 정도까지 그것을 극복할 수 있는지에 대해서 우리는 근친상간의 경우를 통해서 이미 살펴보았다. 공상과 현실이 충돌하였을 때 받을 수 있는 충격은 그 운명이 미리 정해져 있지 않다.

한 환자가 긴 치료를 받던 도중, 15년 전 한밤중에 집으로 돌아가다가 두 명의 남자에게 강간을 당했던 기억을 되살려냈다. 그녀는 경찰, 친구, 가족, 그 누구에게도 그 사건에 대해서 말하지 않았다. 그녀는 자신이 당했던 공격에 대해서 침묵을 지키기로 결정했던 것이다. 그리고 그 후로 그 사건에 대해서 수치심이나 죄책감을 느끼지 않았다. 그녀에게 일어났던 일은 그녀의 문제일 뿐이었다. 그녀는 비밀을 털어놓는 과정에서 자신의 내면이 또 다시 새로운 침입을 당할까 봐 두려워했다. 환자가 주위 사람들에게 자신의 비밀에 대해서 침묵을 지키겠다는 결심을 바꾸지 않은 채, 치료는 계속되었다. 하지만 그녀는 이미 마음속으로 이 사건을 받아들이고 있었다.

내가 심리분석가로 일을 시작한 지 얼마 되지 않아서 경험했던 이 사건은 나를 당황스럽게 만들었고, 나의 시민의식을 곤란하게 만들었다. 그녀는 왜 신고하지 않았을까? 나는 어느 정도의 시간이 필요했다. 나는 모든 판단을 중단하고, 이 사건을 자신의 심리구조 속으로 받아들이고 있는 환자의 속도를 존중하고 이해할 필요가 있었다.

또 다른 경우에, 환자는 자신을 공격한 사람들에 대한 정당성을 주장하거나 가까운 사람들에게 이 비밀을 고백하는 쪽을 선택하기도 한다. 이와 관련한 규칙은 없다. 다만 이 젊은 여자에게 있어서 이 충격적인 이야기가 그녀 자신을 고통스럽게 만들고, 주변 사람들과의 관계를 제한할 수 있는 부정적인 비밀로 바뀌지 않았다면, 그것은 그녀가 이 충격적인 이야기를 자신의 이야기로 잘 받아들였기 때문이다. 이 사건은 그녀의 심리 구조 속에 침입한 정말로 '낯선 사건'이었지만, 그녀는 이 사건을 서서히 받아들여서 자아의 일부로 만들었던 것이다.

그녀가 이 사건에 대해서 만들었던 비밀의 공간은 그녀가 이 사건에 대한 충격에서 회복할 수 있도록 도와주었다. 그런 뒤에는 그녀가 이 사건을 완전히 받아들였기에, 이 사건이 그녀의 심리 구조에 해를 끼치지 않을 수 있었다. 이것은 모두 과거의 사건들과 현재, 미래의 관계에 대한 꾸준한 심리 작업을 한 결과다.

이와는 반대로, 성적 경험의 특징은 개인의 심리 구조 속에 완전히 통합되지 않는다는 것이다. 그 경험이 사랑에서 비롯된 것이라고 하더라도 말이다. 결국 〈매디슨 신드롬〉 유형의 사건은 심각한 우울증, 알코올 의존증, 최악의 경우에 가출로 이어질 정도로 개인을 뒤흔들어놓을 수도 있다.

얼마나 많은 사람들이 자신들이 늘 꿈꾸어왔던 행동을 자신의 의지에 따라 실행에 옮겨놓고는 괴로워하는지 모른다. 쾌락은 파괴적 속성을 가지고 있으며, 따라서 그 당사자, 그의 자아의 일관성이나 내면세계를 시험할 수 있다. 공상과 그 실현이 서로 부딪히게 되면, 그것은 종종 우리가 생각하는 것보다 훨씬 더 많은 심리적 문제를 야기한다. 행복한 사건이 그 당사자에게 심각한 충격을 주는 이유는 그 사건에 대한 주체할 수 없는 감정을 그 당사자가 모두 받아들이지 못한 결과다.

요약해서 말하면, 개인적인 삶에서 어떤 사건이 발생하였을 때, 우리는 항상 우리의 심리 구조 속에 그 위치를 설정하고, 그 사건을 비밀로 할지 그렇지 않을지를 결정하기 위해서 내면의 한계를 다시 설정할 필요가 있다. 보호자로서 기능할 때 비밀은 그 주체의 자아의 일관성이나 인성의 가장 사적인 부분을 지킬 수 있도록 해줄 뿐만 아니라, 자신의 내면세계의 경계를 정할 수 있도록 생각할 수 있는 장소를 제공해준다. 오직 그 주체만이 어떤 것이 이러한 경계를 뛰어넘을 수 있는지 결정할 수 있다.

***

1980년대에 에이즈가 나타나자, 사람들은 이 질병의 비밀 문제를 제기했다. 최초의 액트업Act-up* 운동은 대중으로 하여금 에이즈의 위험성과, 다음의 슬로건을 통한 이 질병의 운명에 대한 관심을 불러일으키기 위해 노력했다.

침묵 = 죽음에 대한 선언

I. 테리I. Théry[2]가 강조하여 말했던 것처럼 침묵을 지키는 것은 비정상으로, 그리고 말을 하는 것은 정상으로 취급할 정도로 침묵은 그 자체로 바이러스를 뜻하는 것으로 취급되었다. 대중매체를 통한 이런 캠페인 속에서, 다른 사람에 대한 감염을 이유로, 비밀과 침묵을 지키는 것만으로도 잘못이 있는 것으로 취급되었다.

오늘날에도 여전히 바이러스 보균자가 된다는 것은 다른 사람

---

* 에이즈 환자들의 세력 결집체를 뜻하는 AIDS Coalition To Unleash Power의 약자.

들의 눈에 단 하나의 정체성만을 가지게 되는 것과 같다. 단지 에이즈에 걸렸을 뿐이 아니라, 그의 존재 자체가 에이즈 바이러스 보균자로 정의되는 것이다. 사람들에게 자신의 에이즈 바이러스 보균 사실을 밝힌다면, 그 사람은 이런 논리에 의하면 하나의 새로운 정체성을 떠맡게 된다. 그 순간에 왜 그는 강하게 자신을 주장하지 못했을까? 그가 예전에 가지고 있던 정체성에 무슨 일이 일어난 것일까? 그 역시 개인을 바이러스와 동일시하는 이 의미의 왜곡에 감염된 것일까?

에이즈 바이러스에 감염된 수많은 환자들은 자신의 사적인 분야와 공적인 분야를 가리지 않고 모든 것을 사람들에게 말하고 싶은 억제할 수 없는 욕구를 느끼곤 한다. 여기서 '모든 것을 말한다'는 사실에 주목할 필요가 있다. "모든 것을 말하는 것"은 자아에 대해서 "아무 것도 말하지 않는 것"과 같다.

얼마나 많은 사람들이 "바이러스 보균자"라는 자신의 새로운 정체성을 얻게 된 후에 일자리를 잃어버리고, 은행 대출과 생명 보험 가입을 거부당하고, 친구나 가족들로부터 외면당했는가?

이러한 새로운 정체성을 받아들여야 하는 개인에게 때로 그의 존재론적 탐색 과정은 지나치게 단순해질 수도 있다. 죽기 전에 남은 시간을 뜻하게 된 그의 삶의 의미는 죽음의 의미가 된다. 그리고 그 자신은 영원히 감시를 받으며 천천히 질병의 진행 경과를 따라가게 된다.

하지만 수많은 사람들이 자신의 정체성이 단지 자신의 질병 ("나는 사람들이 나에게 곧 죽을 사람이라는 딱지를 붙이는 것을 원하지 않아요.")이나 성적 기호로 제한되는 것을 두려워한다.

한 개인이 자신의 정체성을 재확인하기까지는 종종 시간이 걸린다. 이것은 에이즈의 영향력 아래서 살아가기 위해서가 아니라 에이즈와 함께 살아남기 위해서 필요한 시간이기도 하다. 한 개인이 자신을 자신이 보균한 에이즈 바이러스로 정의하는 것을 그만두는 것은 이 질병에게 있어서는 하나의 실패와도 같다. 하지만 이러한 일은 침묵을 통해서 자기 자신과의 대화를 다시 시작하고, 자신의 내면세계를 회복하여 그 자신을 되찾는 법을 다시 배운다는 전제하에서 가능하다.

***

자기 자신에 대해서 '항상 진실을 말하고' '늘 투명하게 행동하고' '거짓말을 하지 않는다'고 믿는 수많은 사람들이, 아직 받아들여질 준비가 되지 않은 정보들, 예를 들면 '숨겨둔' 자식, 질병, 성적 취향 등과 같은 정보들을 분별없이 공개하고 있다. 이러한 행동은 그 정보가 요구하는 심리적 시간을 존중하지 않는 행동이다. 이러한 분별없는 정보의 공개는 그들이 상상했던 것보다 훨씬 더 참혹한 결과를 가져오곤 한다.

비밀을 누설할 것인지 혹은 그것을 간직할 것인지에 대한 선택은 신중하게 생각해서 결정해야 하는 중요한 문제다. 비밀의 공간은 다른 사람들로부터의 혐오에 찬 시선, 모욕적인 시선, 교훈을 주려는 시선, 비난과 경멸의 시선을 피할 수 있는 곳이다. "모든 것을 말하는 것"과는 반대로, 비밀은 개인을 벗어나지 않는다. 아이의 경우와 마찬가지로 어른의 경우에 있어서도 이러한 공간은 자신을 회복할 수 있게 해준다.

그렇기 때문에 아이들은 자신의 부모에 대해서 모든 것을 알지 못하는 것이고, 또 역으로 아이는 스스로 생각하고, 공상하고, 존재할 수 있는 것이다. 비밀의 공간은 자아에 대한 지식과 다른 사람들로부터 숨고 싶다는 의지가 공존하는 내면의 대화의 장소로 정의될 수 있다. 이 공간은 자아를 위협적인 모든 외부의 침입으로부터 보호하고 그로 하여금 자기 자신에 대한 모든 것을 알수 있게 해준다. 우리는 '비밀'이라는 단어의 어근에서 이러한 기능을 찾아볼 수 있다.[3]

앞서 살펴보았듯이 비밀이라는 단어의 라틴어 어원인 *secretus*는 '분리하다, 따로 떼어 놓다'의 의미가 있는 *secerno*라는 단어에서 유래했다. *secerno*라는 단어의 어근인 *cerno*는 '체로 치다, 좋은 곡식을 가려내다, 선별하다'와 같은 다양한 의미를 지닌다. *cerno*는 또한 '식별하다, 좋은 것과 나쁜 것을 구별하다, 해결하다, 판단하다'의 의미뿐만 아니라 '배설*excerno*, 배설물, 쓰레기, 분비물

secerno' 의 의미를 갖는다.

'비밀' 이라는 단어의 어원이 지닌 이 이중적 의미는 다음과 같이 두 가지 개념을 대립시키거나 결합시키고 있다: 좋은 것은 간직하고 나쁜 것은 배설한다. 따라서 '나쁜 것, 쓰레기, 독성 물질에 대한 거부'를 뜻하는 배설excrétion은 원활한 신체 기능에 꼭 필요한 신체 분비물의 분비sécrétion와 짝을 이룬다.

이처럼 비밀의 선별, 여과 기능은 아이를 위해서 이해하기 힘든 현실을 견딜만한 것으로 바꾸어줄 책임이 있는 엄마가 맡고 있는 '여과 작용'을 연상시킨다.

뿐만 아니라 비밀은 사고를 성숙시키는 기능을 한다. 사고가 필요한 시간 동안 무르익을 수 있는 내면의 공간을 마련해주는 것이다. 인생의 고통스러운 사건에 직면하여, 개인의 자아는 종종 대립되고 모순적인 생각들을 경험하게 된다. 개인이 준수해야 한다고 생각하는 규범과 이상 체계가 나타내는 사회적, 도덕적, 가족적 가치는 그와 대립되는 경험이나 욕구가 나타나게 되면 사실상 다시 문제가 될 수 있다. 이때 경험하게 되는 내적 갈등의 결과에 비밀의 운명이 달려있다. 공상을 지켜주는 수호자가 될 것인지, 혹은 자아를 괴롭히는 박해자가 될 것인지 말이다.

자신의 비밀을 의식적이고 자발적으로 지킬 수 있을 때, 우리는 주위 사람들의 편견으로부터 자신을 보호할 수 있다. 이러한 비밀의 '보유'는 그것을 간직하고 있는 사람에게 능력, 다시 말해서 자신의 상처받은 인성을 치유하기 위해서 필요한 자기중심적 사고를 할 수 있는 능력을 준다.

비밀을 밝히는 것은 따라서 자신을 보호하는 것을 포기하면서까지 자신을 노출시키는 위험을 무릅쓰는 것이다. 그때부터 말은 치명적일 수 있다.

비밀의 심리학

ÉLOGE DU SECRET

"이처럼 우리를 행동하도록 만드는 비밀스러운 원인들을 보이지 않는 사슬로 다시 연결시킨다면, 우리의 인생을 그 끝에서부터 처음까지 모두 읽을 수 있다."

– 삐에르 베이야르Pierre Bayard[1]

숨 막히게 하는 말

사라 코프만Sarah Kofman이 마지막으로 남긴 저서는 『오르드네 가와 라바 가Rue Ordener, rue Labat』*다. 이 책은 1994년 3월에 출간되었다.[2] 나는 몇 년 전 이 저자를 알게 된 이후 그래왔던 것처럼 그의 책이 출간되자마자 구입했다. 프

| * 파리에 있는 두 개의 거리 이름.

로이트와 니체에 대한 사라 코프만의 저서들은 오래 전부터 나의 동반자가 되었다. 사라 코프만의 책을 읽을 때마다 나는 그녀를 더 잘 알게 되는 듯한 기분을 느꼈다. 나는 이미 그녀의 '목소리'에 익숙해 있었다. 그녀의 분석 방식은 내가 보기에 그녀의 성격을 드러내는 듯했다. 정확하고, 엄격하고, 다른 사람에 대한 호기심이 넘쳤다. 사라 코프만은 또한 자신이 아주 특별히 좋아했던 저자들(플라톤, 소크라테스, 데리다, 네르발, 셰익스피어, 호프만, 와일드 등)[3]을 통해서 자신을 드러내곤 했다.

그런데 꽤 적은 분량의 이 책을 읽는 것이 나로서는 무척이나 힘들었다.

처음으로 사라 호프만의 책을 읽는 것이 나에게 거의 불쾌감에 가까운 낯선 느낌을 안겨주었다. 나도 그 이유를 알 수가 없었다. 내가 그런 느낌을 경험하게 되는 일은 아주 드물었다. 늘 그래왔듯이 읽기는, 때로는 즐거움을 주기도 하고, 때로는 고뇌를 주기도 한다. 읽기를 통해서 화가 나기도 하고, 지루하기도 하고, 불안을 느끼기도 했지만, 이런 야릇하고 혼란스러운 기분을 느끼게 되는 경우는 아주 드물었다.

또한 이 책은 사라 코프만의 최초의 자서전이었다. 20년 전부터 출간되어온 그녀의 다른 모든 철학적 평론이나 저서와 같은 총서로 출간된 책이었기 때문에 이러한 사실은 더욱 놀라웠다.

나는 사라 코프만이 자신에 대한 글을 쓰게 된 동기가 궁금했다. 나는 그녀의 어린 시절에 대해서 그녀와 이야기를 나누는 것이 불편했다. 내가 마치 침입자가 된 듯한 기분이었다.

사라 코프만이 자신의 인생을 아주 간단하게 언급하곤 했던 이전의 저서들과는 그 목소리와 내용이 아주 달랐다. 『숨 막히게 하는 말*Paroles suffoqué*』, 『어떻게 궁지에서 벗어날 수 있을까?*Comment s'en sortir?*』에서 그녀가 전달하던 자전적 요소는 항상 자신의 이론을 좀 더 설명하거나 뒷받침하기 위한 요소에 제한되었다.

이 책은 이해하기 힘든 무언가에 대해서 설명을 기대하게 만들어 놓은 채 갑작스럽게 끝을 맺었다.

이 책의 결말은 그로부터 여섯 달 후인 같은 해 10월 18일에 신문에서 읽게 되었다. "사라 코프만은 파리에서 사망했다... 그녀의 나이 60세였다."* 또 다른 신문은 그녀의 마지막 책이 출간된 후 그녀가 "심각한 우울증"을 앓았다고 전했다.

자주 접했던 그녀의 글을 통해서 그녀와 아주 가깝다고 느끼고 있었기 때문에, 나는 잘 알고 있다고 믿었던 한 친구를 갑자기 잃어버린 기분이었다. 그녀의 장례식에서 나는 그녀가 가족들, 친구들, 수많은 학생들로부터 얼마나 사랑받고 존경받았는지 알 수 있었다.

| * 그녀의 사망 원인은 심각한 우울증으로 인한 자살로 밝혀졌다.

나는 그녀의 마지막 책을 다시 읽기 위해서 꺼내들었다. 주위 사람들에게 그토록 충격적이었던 뜻밖의 행동에 대해 나 나름대로 의미를 찾기 위해서 말이다. 10년 이상 그녀의 책을 읽어온 독자로서 나는 불안한 기분이 들었다.

나는 어떤 징후, 다시 말해서 각 페이지마다 감추어져 있을지도 모르는 치명적인 비밀을 찾기 위해서 『오르드네 가와 라바 가』를 두 번째로 집어 들었다.

저자는 우리에게 자신의 책을 '그 사건'을 이야기하기 위한 일종의 '지름길'처럼 읽게 했다. 그렇다면 과연 '그 사건'은 무엇일까?

처음에 우리는 '그 사건'이 랍비였던 그녀의 아버지가 가족들이 살던 아파트에서, 어린 그녀가 보는 앞에서 프랑스인 경찰에 의해 검거될 때 그녀가 받았던 충격과 관련이 있을 것이라고 생각했다. 그때 그녀는 여덟 살이었다. 그녀의 아버지는 드랑시 Drancy에 강제 수용되었다가, 아우슈비츠 Auschwitz에서 사살되었다.

하지만 5장부터 그녀의 아버지는 아주 가끔씩 언급될 뿐이었다. 그리고 그 즈음에서 처음으로 '라바 Labat 가의 부인'이 등장한다. 나는 '그 사건'이 본질적으로 그녀의 어머니, 그리고 이 부인과 관련되어 있을 것이라고 생각했다.

나머지 열여덟 장에서 사라 코프만은 폭격, 대량검거, 검색, 은둔 생활, 다섯 명의 형제자매와의 이별 등을 겪으며 살아남은 충격적인 이야기를 전했다. 사라 코프만은 라바 가에서 살고 있던 이 부인 덕분에 살아남을 수 있었다. 사라는 이 부인을 만난 지 얼마 되지 않아 '할머니'라고 부르게 되었고, 할머니는 사라를 전쟁 기간 동안 그녀의 어머니와 함께 숨겨주었다. 서서히 할머니는 아이의 일상을 변화시켰고, 아이를 바꾸어놓았다. 그녀의 이름은 수잔느가 되었다. 그녀는 예쁜 옷을 입고, 머리 모양을 바꾸었다. 그리고 서서히 식습관마저 바꾸었다. 피가 흐르는 고기와 돼지고기가 그녀의 식탁에 등장했다. 라바 가의 부인은 그녀의 어머니와 매우 다른, 거의 반대되는 어른의 이미지를 심어주면서 그녀를 깊이 변화시켰다. 금발의 아름다운 외모를 지녔던 할머니는 사람에 대한 낙관적인 태도와 다정다감하고 외향적인 성격, 그리고 차분한 행동으로 그녀의 불안을 덜어주었고, 그녀에게 자유롭고 안정적인 미래를 제시했다.

수잔느는 할머니를 향해서 점점 더 강한 감정과 애착을 느끼게 되면서, 조금씩 자신의 엄마에게서 멀어져갔다. 심지어 유대교조차 그녀에게 점점 낯선 것이 되어갔다. 할머니는 그녀에게 스피노자, 베르그송, 아인슈타인과 마르크스를 읽어주고 베토벤을 들려주면서 새로운 문화적 관점을 심어주었다.

전쟁이 끝나고 난 후에도 그녀는 '엄마보다 더 사랑했던'[5] 할머니를 떠나고 싶지 않았다. 그때부터 딸을 차지하기 위한 또 다른 전쟁이 시작되었다. 솔로몬의 재판에서처럼, 두 명의 여자들이 한 아이를 원했다. 사라의 엄마는 사라를 거칠게 회유했지만, 사라는 여러 차례 자신의 집에서 도망치려는 시도를 했다. 그 즉시 처벌이 쏟아졌다. 가죽 채찍으로 때리기도 하고, 골방에 가두기도 했지만, 아무런 소용이 없었다. 사라-수잔느는 할머니를 다시 만나기 위해서 가출과 단식을 반복했다.

책은 최근 한 호스피스에서 할머니가 사망했다는 이야기를 들려주고는 갑작스럽게 끝나버렸다. 사라는 장례식에 갈 수 없었다. 그녀는 신부가 전쟁 동안 할머니가 어린 유대인 소녀를 구해준 일을 언급했다는 사실을 알고 있었다.

한 사건을 다른 사건과 결부시키면서 확신에 찬 목소리로 "이 사건이 이 사건을 설명한다"고 말하는 것은 늘 무모한 일이다. 한 사건에 대한 해설은 작가가 표현하는 현실과 그에 대한 작가의 해석을 동시에 포괄해야 한다. 이것은 프로이트가 문학작품을 해석하는 것에 대해서 두 가지 가능한 위험성, 즉 이상화된 작가에 대한 존중과 작가의 무의식 깊숙한 곳에 대한 침입이라는 위험성을 지적하면서 심리분석가들에게 신중하게 권유했을 정도로 위험한 작업이다.[6] 하지만 해석은 단지 심리적 가능성 중 한 가지일 뿐이다. 프로이트는 "진실 임직한 것이 항상 진실은 아니며, 진실이 항상 진실 임직한 것은 아니다"라는 말을 기억하지 못하는 것일까?

내가 제안하는 가설은 어쩔 수 없이 불확실할 수밖에 없다. 모든 심리분석적인 이야기가 그러하듯이 말이다. 어쩌면 작가가 존재하지도 않는 상황에서, 분석이라는 딱딱한 틀 속에서 작가와 심리분석가의 관계가 전이되었다는 이유 때문에 더더욱 불확실한지도 모른다.

하지만 예술은 항상 무의식을 강력하게 자극한다. 그 자신에게 예민하기만 한 사람의 경우라면 말이다. 한 작품이나 텍스트에 대한 분석은 그 자신의 무의식에 이러한 작품이나 텍스트가 끼치는 영향을 분석하는 것이다. 심리 분석 역시 이와 다른 말을 하지는 않는다.

나는 단지 그녀의 책을 처음으로 읽는 동안 느꼈던 감정, 나의 불편한 기분에 의미를 부여하고 싶었고 이해해보고 싶었기 때문에 그녀의 책을 다시 읽었다. 책을 다 읽고 나서 나는 그녀의 어머니에 대한 언급이나 그녀의 태도에 대한 분석이 아니라 그녀의 사고에 대해서 다시 생각해보았다. 그녀는 자신의 어머니에 대해서 어떤 긍정적인 감정도, 심지어 이중적인 감정도 느끼지 않았다. 단지 자신의 인생 속에서 어머니를 서서히 사라지게 만듦으로써 어머니에 대한 깊은 원한을 드러내고 있었다. 그녀가 오직 할머니의 덕분이라고 말했던 지적 경력이나 대학교수의 경력에 이르기까지 그 어디에서도 어머니의 흔적은 전혀 찾아볼 수가 없었다.

나는 서서히 내가 침입자가 된 듯한 기분과 실망감, 그리고 비난의 감정이 뒤섞인 불편한 감정을 느꼈던 이유를 이해하게 되었다.

바로 이러한 감정이 실마리가 되었다. 저자가 우리에게 직접 전하고 싶지 않았거나 전할 수 없었던 말에 대한 의미를 만들 수 있는 가능성을 남겨두기라도 했던 것처럼 말이다.

"말하기 위해서 죽다", 사라 코프만에 대한 기사에서 레이첼 로젠블럼Rachel Rosenblum[7]이 말했다. '말하기'의 치명적인 위험이란 일종의 증언이라는 틀 내에서 자신의 이야기를 다른 사람들로 하여금 속속들이 알게 하는 것에 따르는 위험일 것이다. 이 틀 내에서 저자는 자신이 들려주는 기괴한 이야기에 몰입된 채 자신을 판단하고 비난할지도 모르는 독자들 앞에 직접 서게 된다.

사라 코프만이 다른 사람을 위해서 자신의 엄마를 배신한 것은, 이미 전쟁의 희생자였으며 전쟁으로 인하여 남편을 잃은 그녀의 엄마에게 실망스러운 일일 뿐 아니라 일종의 폭력과도 같은 일이었다. 이 이야기를 직접 대중들 앞에 들려주면서, 사라 코프만은 대중들로부터 죄책감과 수치심을 되돌려 받았다. 어떠한 죄책감이나 수치심도 이러한 폭로로 인해서 지워지지는 않는다. 사라 코프만의 경우에는 오히려 죄책감이나 수치심이 열 배나 더 증가했으며, 결국 치명적인 사건으로 이어졌다.

사라 코프만의 글은 작가를 배반하기 전에 나를 배반했다. 왠지 모를 불편한 감정, 작가의 내면세계 속에 침입한 듯한 기분,

작가에 대한 알 수 없는 비난의 감정으로 독자를 완전한 혼란 속에 빠뜨린 채로 이 책은 끝이 났다.

프로이트에 의하면, 이런 상황에서 기묘한 감정을 느낀다는 사실은 우리가 더 이상 알고 싶어하지 않거나 우리 내면의 밑바닥에 억눌러두었던 비밀이 추억, 사고, 공상, 욕구들로 채워져 있는 의식의 한복판으로 다시 나타나는 가장 확실한 징후다. 여기서 '우리'라는 대명사를 사용하는 것은 언어의 남용일지도 모른다. 사실상 '우리'는 의식적인 차원에서 우리가 우리 자신에 대해서 알고싶어하는 것이나 알고 싶어하지 않는 것을 통제할 수가 없다.

그녀는 어린 시절의 비밀을 왜 우리에게 털어놓았을까?

사실상 그녀의 책을 읽으면서 우리는 우리도 모르는 사이에 이제 성인이 되었지만 자신의 엄마를 따뜻하게 대한 적이 없었던 아이에 대해서 비난하게 되고 판단하게 된다. 어린 그녀에게는 조금의 감정적 대립도 없었다. 그녀의 엄마는 단지 나쁘고 사악할 뿐이었다. 그녀의 엄마는 어떤 선의나 이해심도 보여주지 않는 사람이었다. 자신의 엄마에 대한 이러한 이미지는 완전히 부정적이고 파괴적인 것이었다. 수년 동안 내가 알고 있던 사라 코프만은 아무런 감정도 느낄 줄 모르는 무감각한 여자에게 자신의 자리를 내어주고 어디론가 사라져버렸다. 한 여자가 사라지면서 전혀 다른 여자로 바뀌어 있었다.

일단 폭로된 비밀은 항상 작가의 손을 벗어난다. 사라 코프만의 책은 그녀의 비밀을 폭로하면서 그녀의 손을 떠나버렸다.

왜 작가는 자신의 비밀이 사라진 이 상황을 견디지 못했을까?

텍스트는 죽음에 대한 충동인 타나토스Thanatos와 삶에 대한 충동인 에로스Eros 사이의 협약, 힘의 충돌의 결과물이라고 할 수 있다. 죽음에 대한 충동은 그 의미와는 반대로 진행되곤 한다. 죽음에 대한 충동은 작가가 자신의 창조물의 그늘진 부분에 의미를 주기 위해서 그에 대항하여 싸우게 되는 힘이다. 결합이나 의미는 에로스 쪽에 있다.

사라 코프만의 엄마가 그녀에게 남겨준 상징적 공허함은 할머니가 살아있는 동안은 할머니에 의해서 충족될 수 있었다. '나쁜 엄마'의 이미지를 억제해주는 '좋은 엄마'라는 심리적 존재 덕분에 사라 코프만은 자신의 삶에 의미를 부여할 수 있었다. 바로 이 의미를 통해서 에로스는 타나토스를 억제할 수 있었던 것이다.

현실에서 할머니가 사라진다는 사실은 충족할 수 없는 결핍, 극복할 수 없는 슬픔으로 이어졌다. 그녀는 '나쁜 엄마'에 대한 끔찍한 이미지를 떠올림과 동시에 '좋은 엄마'와 나누었던 친밀감에 대한 죄책감을 느꼈다.

사라 코프만의 마지막 책은 죽음에 대한 충동으로부터 그녀 자신을 보호해줄 수가 없었다. 하지만 글쓰기는 인간이 죽음에 대한 충동을 순화시킬 수 있는 가장 궁극적인 방법 중의 하나가 아니었던가? 사라 코프만은 자신의 상처를 극복하기 위해서 글을 쓰는 것으로 충분하지 않았을까? 문학의 창조는 그 어떤 치료나 그 어떤 강장제보다 더 효과가 있는 것으로 알려지지 않았던가?

잘 지내기 위해서 '모든 것을 말하는 것'으로 충분하지 않은 것과 마찬가지로, 죽음에 대한 충동을 이겨내고 심각한 충격을 극복하기 위해서 '모든 것을 글로 쓰는 것'으로는 충분치 않았다. '글쓰기'로 상처를 충분히 치료할 수는 없다. 『쓰기 아니면 죽기L'Écriture ou la mort』는 요르게 셈프룬Jorge Semprun이 그 제목을 『쓰기 아니면 살기L'Écriture ou la vie』로 바꾸기 전까지 그가 쓴 책의 첫 번째 제목이었다. 이 첫 번째 제목이 나타내는 양자택일의 가능성은 사라 코프만의 극단적인 행동, 즉 글쓰기와 죽음을 동시에 선택한 행동에 의해서 부인되었다. 이러한 관점에서는 두 번째 제목이 더 정확하다. 글을 쓴다면 삶을 포기해야만 한다. 따라서 글을 쓰고 죽을 수도 있다.

『오르드네 가와 라바 가』는 오직 파괴적인 힘, 죽음에 대한 충동에 굴복한 채 자아에 대한 모든 환상, 삶을 보호하고 지켜줄 수 있는 모든 나르시즘적 관점을 잃어버린 저자의 이야기다.

이 책을 두 번째로 읽는 도중에 나는 문득 사라 코프만은 독자들에게 자신의 책을 읽게 함으로써 그녀 자신을 비난하고 있다는 생각이 들었다. 그녀의 책은 극단적인 형의 선고, 죽음의 선고였다.

이런 가설을 세워보자. 이 책은 그녀 자신이 어린 시절, 그리고 성인이 되고나서도 내면에 간직해오던 비밀을 '대중에게' 폭로한다. 그녀의 원초적인 심리적 갈등에 대한 비밀, 자신의 친엄마가 아닌 다른 엄마를 선택한 비밀을 말이다. 엄마에 대한 부인이나 포기보다 더 강한 거부는 자신의 모든 인생의 선택에서 엄마의 흔적을 모조리 지운 것으로 나타났다. 그녀의 비밀은 결국 자신이 선택한 엄마에 대한 치명적이고 애정 어린, 열정적인 관계에 대한 비밀이었다.

더 이상 비밀이 아닌 비밀들이 있다.

그렇다고 하더라도 공공장소는 그러한 갈등을 전달하고, 이해받고, 인정받을 수 있는 장소가 아니다. 사라 코프만의 이야기는 어떠한 검열이나 자제도 없이 지나치게 투명하게 모든 것을 드러냈다. 그녀는 니체의 말을 잊었던 것일까? "모든 의미는 사라지고, 모든 언어는 가면이 된다."[8]

사라 코프만의 책은 아무런 베일도 없이 완전히 벌거벗고 있는 작가의 정체를 폭로했다. 무의식의 세계까지 생생하게 말이다.

고통이 여전히 생생하게 자리 잡고 있는 내면을 폭로하기 위해 공개된 자서전은 단순한 기록의 차원을 넘어선다. 우리를 견딜 수 없게 했던 것은 그녀의 지나치게 사적인 이야기였다.

그녀의 책은 자신의 말에 대해서 아무런 관점도 제시하지 않는다. 내장까지 완전히 드러내놓고, 살갗이 벗겨진 시체가 우리 앞에 놓여있다. 그런데도 우리를 위해서 해부학 강의를 해줄 사람이 아무도 없는 것과 같은 상황이다.

사라 코프만 사후에 발표된 그녀의 한 텍스트[9]는 히치콕 Hitchcock 감독의 영화, 「숙녀 사라지다The Lady Vanishes」(1939)에 대한 짧은 분석으로 끝맺는다. 이 글의 발췌문이 『오르드네 가와 라바 가』에도 인용되어 있다.

사라 호프만은 영화의 주인공에 대해서, 기차 안에서 자신의 맞은편에 앉아있던 친절하고, 상냥하고, 호의적인 노부인이 잠에서 깨어나 보니 차갑고, 위선적이고, 위협적이고, 거친 얼굴을 한 부인으로 바뀌어있는 것과 같은 인상을 준다고 썼다.

내가 그녀의 책을 읽으면서 가진 느낌이 바로 이런 것이 아니었을까? 사람들이 '나의' 사라 코프만을 다른 여자로 바꾸어놓은 듯한 느낌 말이다.

이 책을 읽으면서 그토록 내 마음이 동요되었다는 사실은 이 책이 내가 오랫동안 은밀하게 품어오던 갈등을 건드렸다는 신호가 아닐까? 모든 아이들이 각각의 역할에 따라 대립되는 어머니의 모습을 단 한 사람에게서 발견하게 되었을 때 느끼게 되는 시원적이고 원초적인 깊은 불안감과 같은 것 말이다. 필요한 보살핌을 줄 때 엄마는 보호해주는 엄마가 되지만, 시야에서 사라지거나 기대했던 것보다 늦게 나타나거나 실망감을 줄 때 엄마는 나쁜 엄마, 즉 마녀가 된다.

시간이 지나면서 아이는 이런 변화의 비밀을 알게 된다. 이 모두가 한 사람의 모습이었다. 따라서 이런 발견은 아이를 더욱 우울하게 만든다.

결국 아이는 힘든 시기를 거치게 된다. 아이가 마녀에 대해서 가지고 있던 파괴적인 생각은 요정을 공격하기도 한다. 곧 아이는 엄마의 모든 모습, 상황에 따라 바뀌는 좋은 모습과 나쁜 모습을 모두 받아들이게 된다.

일반적인 경우에 상상 속에 존재할 두 사람이 어린 사라의 경우에는 극적인 방법으로 현실이 되었다. 이 현실은 각자 정해진 역할 속에서 '좋은 엄마'와 '나쁜 엄마'로 대립되는 심리적 이미지를 완벽하게 감추고 있었다. 이럴 경우에 아이는 더 이상 현실을 즐기고, 현실에 대한 환상을 품고, 현실을 변화시킬 수 없게 된다.

이미 공상을 똑같이 복제해버린 현실에 대해서 어떤 공상을 품을 수 있겠는가? 근친상간의 경우와 마찬가지로 사고는 공상을 품을 수 있는 능력을 잃어버리고, 현실은 환상을 품을 수 있는 가능성을 잃어버렸다. 아이는 아무 것도 할 수 없게 남겨진 채 말이다.

사라 코프만의 텍스트를 독파하면서, 나는 사라 코프만이 했던 히치콕과 마술사의 비교를 주목했다. "환상의 힘은 관중의 무의식에 대해 환상이 끼치는 영향력에서 비롯된다." 그리고 이 기사의 마지막 줄보다 한 줄 앞에 다음과 같은 글이 있었다. "그는 이 영화를 여러 차례 보았던 나를 포함한 모든 관객들로 하여금, 주인공에 대한 동일화 과정을 통하여 겉으로는 아주 오래전에 극복한 듯했던 내 안에 있는 가장 시원적인 불안감을 되살리려고 시도한다."[10] 겉으로 보기에 두 엄마는 자신의 딸이 완전히 떨어져 나가는 것을 인정할 수 없었다.

'좋은 엄마'가 현실에서 사라진 것과 내면의 갈등을 밖으로 분명하게 드러낸 이 글을 쓴 것 사이에는 어떤 관계가 있을까? "숙녀 사라지다"는 사라 자신과 그녀가 사라지게 만든 좋은 엄마와 관련이 있다. 우리로 하여금 또 다른 엄마, 즉 차갑고, 위선적이고, 위협적이고, 거친 얼굴을 한 부인과 마주하게 내버려둔 채 말이다. 물론 그녀가 자신의 책을 읽는 우리의 영혼 속에서 각인시키고 싶어했던 것은 바로 이 부인과 관련이 있을 것이다.

이제 우리는 이 얼굴을 마음속에서 떠나보낼 수가 없게 되었다.

만약 그녀가 우리로 하여금 그녀의 작품, 그녀의 책, 그녀의 기사들로부터 빠져나올 수 있는 방법을 주지 않았다면 그녀는 성공했을지도 모른다.

사라 코프만의 마지막 책은 그녀의 작품 속에 포함될 수도 있으며, 동시에 작품 밖에 새겨질 수도 있다. 하지만 그녀가 그녀의

어린 시절, 그리고 두 엄마 사이에 있었을지도 모르는 갈등이라
는 비밀의 실타래를 풀어나가면서, 그녀의 책은 글쓰기의 실패,
창조의 실패라고 할 수 있게 되었다.

「숙녀 사라지다」에 대한 분석은 슬픈 전조였으며, 결국 그녀
자신을 사라지게 만들었다. 그녀의 마지막 책은 그녀의 작품 전
체가 지금까지 분명히 그렇게 할 수 있었던 것과는 달리 그녀에
게서 죽음을 몰아낼 수 없었다.

그녀의 마지막 작품은 죽음의 충동에 대항한 삶의 충동의 실
패이자 은유의 실패일지도 모른다. 프로이트도 니체도 결국 그녀
를 그녀의 자아로 데려다주지 못했다. 단지 승리를 거둔 것은 그
녀의 밝혀진 비밀일 뿐이다.

비밀의 심리학

ÉLOGE DU SECRET

"진정한 웅변은 필요한 것을 전부 말해버리지 않고,
필요치 않은 것을 일체 말하지 않는 데 있다."
- 라 로슈푸코Jacques Delord

비밀의 실패

심리 구조를 구성하고 보호하는 기능을
하는 비밀과는 반대로, 우리가 우리 자신이나 가까운 사람들에게
심리적으로 부정적인 영향을 끼치지 않고는 간직할 수 없는 비밀
도 있다.

　지난 30년간의 다양한 문학작품은 '가족의 비밀'이 그 비밀을
간직한 사람에게나 그 주위 사람들에게 가져올 수 있는 위험성을

충분히 알려왔다.[1]

이미 강조했듯이, 우리는 지나치게 그 위험성에 대해서 주장하다가 비밀의 의미를 박탈하고(모든 것을 말해야만 한다) 침묵의 미덕을 은폐해왔다.

비밀을 오직 그 결과—특히 부정적인 결과—로만 정의하면서, 우리는 비밀의 정의와 의미, 그리고 비밀이 우리의 심리구조나 다른 사람과의 관계에 대해서 수행하는 역동적인 기능을 무시해 왔다.

집단적 사고 속에 '비밀의 질병'이라는 새로운 질병이 탄생했다. 비밀의 질병은 그 증상, 감염 위험(다음 세대에 대한 감염 위험이 높다), 예후(침울해한다), 치료(체계적으로 완전 박멸해야 한다), 예방(모든 것을 말하라) 등의 측면에서 살펴볼 수 있다.

우선 이 질병은 다양한 증상을 보일 수 있다. 이상한 말을 하고, 늘 불안해하고, 다양한 신경증을 나타내고, 행동장애나 정서장애를 나타내기도 하고, 마약 중독이나 정신착란을 보일 수도 있다.

감염의 위험은 '긍정적 비밀'과 마찬가지로 전염병과 비슷하다. 그 위험은 세대에서 세대로 감염될 때 극적인 방식으로 증가하는 것으로 간주된다. 첫 번째 사람은 단지 그 악명 높은 '비밀'을 간직한 사람일 뿐이다. 두 번째 사람은 비밀이라는 '유령'에 사로잡히게 된다. 세 번째 사람은 생각할 수조차 없는 무언가에 사로잡혀서 '알 수 없는 불안'[2]을 느끼게 된다. 네 번째 사람에게까지 감염된다면, 그 상황은 차마 생각조차 할 수 없다.

치료는 근본적이면서 단순하다. 말하고, 또 말하는 것이다.

예방을 위해서 가족에게 그들이 감추고 있는 비밀이 무엇인지 물어보아야 한다.[3] 단지 물어보는 것만으로 충분하다! 우리가 왜 좀 더 일찍 이런 간단한 방법을 생각하지 못했을까? 다행스럽게도 '심리분석가'들은 우리에게 그 사실을 일깨워주기 위해서 자리를 지키고 있다.

심리분석가들은 종종 그들 자신도 모르는 사이에 비밀에 대해 오명을 씌우는 데 한몫을 했다. 세대에서 세대로 전달되는 비밀을 규정짓기 위해서 사용한 '유령'의 개념은 대단한 성공을 거두었다. 비밀의 '전달' 혹은 '세대 간의 전달'은 그것을 전달받는 사람이 자신이 그 과정에 개입되어있다는 사실조차 모른 채 무의식에서 무의식으로 직접 전해진다. 이 비밀이라는 질병은 단순한 접촉을 통해서도 전염된다.

그 당사자도 이 부분에 있어서 어쩔 도리가 없다. "선생님, 제가 유령에 사로잡혀있다는 사실을 선생님께 말했기 때문에, 저로서는 더 이상 어쩔 도리가 없습니다."

비밀에 대한 이런 이미지가 성공을 거둔 것은 무의식에서 무의식으로 마치 마술처럼 전달되는 그 특징이 사람들의 마음을 사로잡았기 때문일 것이다. 굳이 의학적인 관점에서 전염의 과학적 영향력에 대해서 말하지 않더라도 말이다.

이처럼 비밀에 대해 오해를 하게 된 데에는 대중들 사이에 지나치게 많이 퍼져있는 입문서의 탓도 있다. 그러한 입문서 중 몇몇은 비밀을 '파스퇴르가 발견한 병원균', '핸디캡', '살인자'와 동일시하고 있지는 않을까?[4] 다른 몇몇 입문서에 의하면 비밀은 전체주의의 온상이 되기도 한다.

불안을 야기한다는 사실 외에도, 이러한 주장은 비밀의 수동적 집합소로 간주되는 무의식에 대해서 그 누구도 책임질 필요가 없다는 가설을 강조할 위험이 있다.

정신분석학 역시 상호작용적이고 역동적이고 공상적인 특징은 잊은 채, 단순히 '정신분석적' 이야기로 그 의미를 축소한다. 따라서 정신분석가에게 있어서 가장 중요한 자질은 환자들에게 말을 건네고, 친절하게 대해주고, 그들의 말에 귀 기울여주는 것일 뿐이다. 정신분석에 대한 이러한 왜곡된 개념은, 단지 환자의 침상 뒤에서 침묵을 지키다가 간간이 "네, 네"하고 대꾸해주는 것으로 자신의 역할을 다하는 정신분석가의 모습을 보여주는 수많은 영화 때문이기도 하다.[5]

하지만 프로이트는 무의식에서 무의식으로의 전달이 항상 직접적으로 이루어지는 것이 아니라 무의식의 부산물, 즉 언어, 침묵, 비언어적 커뮤니케이션 요소 등을 통해서 이루어진다는 사실을 지적하면서 이런 오해의 위험을 예측했다. 따라서 우리는 '가

족의 비밀'에 대해 정의를 내릴 때 대단히 신중을 기할 필요가
있다.

한 사람이 하나의 사건, 하나의 생각, 하나의 공상에 사로잡혀
서 느끼게 되는 주체할 수 없는 감정은 주변 사람들에게 영향을
끼칠 수 있다. 이러한 반응은 '가족의 비밀'의 결과로 설명되는
것과도 비슷하다. 주변 사람들이 개입하게 되지만, 그들은 그 비
밀을 적절하게 받아들이지 못한다. 이럴 경우에 개인은 더 이상
자신에게 일어난 일에 대해서 말을 하거나 하지 않을 수 있는 자
유를 가질 수가 없다. '부정적인 비밀'은 단지 말하기가 불가능
한 사건의 결과일 뿐이다.

이처럼 비밀을 자신의 심리 구조 속으로 적절히 받아들이지
못했을 때, 주체는 자아를 새롭게 형성하고 보완할 수 있게 해주
는 비밀의 공간을 만들 수 없게 된다. 주체가 자유롭게 접근할 수
없게 되어버린 심리 구조 내의 이 구역은 '사고의 금지 구역'이
된다.

이런 경우에 그 주체는 주위 사람들에 대해서 어떠한 마술과
같은 영향력도 행사할 수 없다. 자신의 사고 속에서 자유롭지 못
한 주체는 주위 사람들과의 관계를 통제하고, 자신의 말에 대해
서 깊이 생각하고, 자신의 행동이나 감정을 조절하고, 일상에서
기쁨을 만끽하거나 고통을 극복하기가 힘들어진다.

어떻게 하나의 사건이 심리구조를 해치는 병원균으로 작용할

수 있을까? 보다 정확하게 말해서, 어떻게 하나의 문제가 짊어지고 가기엔 너무 무거운 비밀이 되어서 심리구조를 약화시킬 수 있을까?

여덟 살 난 어린 오드의 엄마는 다루기가 너무 힘들어진 딸의 문제를 알아보기 위해서 딸과 함께 상담실을 찾아왔다. 오드의 엄마는 아주 우아해 보이는 여성이었다. 아이의 문제에 대해서 자발적으로 말을 시작한 그녀의 말투는, 내가 보기에 지나치게 빠른 듯했다. "여기까지 오기가 조금 힘들었어요." 오드의 엄마는 자신의 일, 가족, 남편, 그리고 세 명의 아이들(셋 다 딸이다)로 인해 늘 정신없이 바빴다. 하지만 상황은 걷잡을 수 없이 엉망이 되어가고 있었다. "무언가 조치를 취해야만 했어요."

오드의 엄마는 자신의 딸에 대해서 느끼는 걱정을 정확하고 조심스럽게 이야기하는 도중에 간간이 딸아이의 반응을 눈으로 살폈다. 그 시간 동안 오드는 나를 향해 미소를 지어보이며 꼼짝 않고 자리에 앉아있었다. 오드의 모습은 그녀의 엄마가 들려줬던 암울한 이야기와 강렬한 대조를 이루었다.

오드의 엄마의 말에 의하면, 오드는 학교 급우들과의 관계에서도 위축된 태도를 보인다고 했다. 학교 성적은 엉망이었고, 자신의 일을 스스로 처리할 줄 몰랐으며, 수업 시간에도 무관심한 태도로 일관했다. 또한 오드는 겁이 너무 많아서 혼자 남겨지는 것을 견딜 수 없어했고 어둠을 무서워했다. 오드는 잠드는 순간까지 엄마를 자신의 곁에 붙어 있게 했다. 수면이 불안정했기 때문에, 오드는 밤에 자주 악몽을 꾸면서 깨어나곤 했다.

이런 행동을 보이기 전까지 오드는 어떤 일에 대해서건 극단적인 반응을 보였다고 한다. 학교에 가는 것, 혼자서 옷 입는 것, 늘 해오던 일상적인 활동 모두를 거부했다. "아침에 일어나서 양치질하는 것부터 저녁에 잠옷을 입는 것까지" 모든 것이 문제가 되었다고 오드의 엄마는 설명했다. 모든 일상이 대립, 분쟁, 눈물, 분노의 원인이 되었기 때문에, 오드의 엄마는 늘 화를 낼 수밖에 없었고, 이것은 그녀의 다른 일에까지 영향을 미쳤다.

오드의 엄마에게 오드의 이런 변화가 처음으로 나타났던 시기에 대해서 질문을 던졌을 때, 오드의 엄마는 다만 그것이 여러 달 되었을 뿐 정확하게 기억이 나지 않는다고 말하면서 재빨리 이 질문에서 벗어나려고 했다. 오드의 엄마는 오드의 이런 변화의 원인을 도무지 알지 못했다. 예전에 오드는 단지 겁이 많았을 뿐 학교 성적이 좋았으며, 친구들과의 관계도 원만했다.

나는 엄마의 말에 아무런 말도 덧붙이고 싶어하지 않는 오드와 단 둘이 이야기를 나눠보기 위해서, 그녀의 엄마를 진료실에서 잠시 나가게 했다. 오드는 변화의 이유나 상황을 묻는 나의 질문 앞에서 침묵을 지켰다. 꽤 긴 침묵이 이어졌다. 하지만 오드는 여전히 미소를 짓고 있었다. 결국 나는 오드에게 그림을 그리게 했고, 오드는 고갯짓만으로 대답했다. 오드는 집, 과일 나무와 열

대 나무들이 가득한 정원, 그리고 찬란한 태양이 반짝이는 파란 하늘이 있는 멋진 그림을 그렸다. 오드는 화구 상자에 있는 온갖 색깔들을 사용하여 정성스럽고 세심하게 그림을 그렸다.

나는 너무도 아름답고, 너무도 정확하고, 너무도 순수한 이 그림 앞에서 당황스러웠다. 구름의 존재나 개수, 색깔, 비나 눈과의 연상 여부는 일반적으로 아이가 자신의 근심이나 걱정을 나타내는 방법이다. 하지만 오드의 그림에는 구름 한 점 없는 청명한 하늘만이 있었다.

오드는 자신의 그림에 대해서 아무런 설명도 하지 않았다. 한 장 더 그리고 싶다는 말도 하지 않았다. "잘 그렸죠?" 아이가 여전히 상냥하고 사랑스럽게 말했다.

대기실에서 돌아와 아이의 미래에 대해 조심스럽게 질문을 던질 아이 엄마에게 답을 해야 하는 점쟁이로서, 나는 구름 한 점 없는 하늘 아래 천국 같은 정원의 중심에 세워져 있는 이 목가적인 집의 세부적인 사항을 관찰했다. 도대체 이 그림을 보고 내가 무슨 말을 할 수 있겠는가?

불안이나 두려움, 슬픔을 나타내는 어떤 이미지도 없었다. 내가 보기에 오드의 엄마가 나에게 들려주었던 이야기와 이 그림은 아무런 관련도 없는 것 같았다. 이 아이는 완벽하게 잘 지내는 듯했고, 아이의 엄마는 나에게 다른 누군가의 이야기를 잘못 한 듯했다. 오드의 엄마는 상담을 받으러 오는 순간에 이 아이에 대해서 잘못 생각했고, 그래서 아주 잘 지내고 있는 아이를 나에게 데려온 것 같았다. 오드의 엄마는 나에게 설명했던 곤란한 상황에 대해서 약간의 혼동이 있었는지도 모른다.

문득 처음에 엄마와 딸 사이에 도드라져 보였던 대조가, 엄마의 심각한 이야기와 딸의 미소를 잃지 않는 태도 사이에도 똑같이 나타나고 있다는 사실이 내 머릿속에 떠올랐다. 나는 혼란스러웠다. 단지 엄마의 이야기만을 생각한다면 오드는 매우 걱정스러운 상태였다. 하지만 오드를 지켜보면 그런 걱정은 누그러졌다.

다시 잘 생각해보면, 하늘이 너무 파랬다.

어떻게 단 한 점의 구름도 오드의 삶에 그늘을 드리우지 않을 수 있을까? 좋은 전조든 나쁜 전조든 간에 전조를 나타내는 새 한 마리도 없다는 사실을 어떻게 설명할 수 있을까?

하늘의 침묵은 역설적으로 문제가 있다는 유일한 징조가 될 수도 있었다. 단지 문제가 감추어져 있을 뿐이다. 내가 느꼈던 혼란스러운 감정은 아이의 인성이 둘로 나뉘어져 있다는 사실 때문인지도 모른다. 겉으로 아주 잘 지내는 것처럼 보이는 하나의 인성과 엄마와의 사이에 위기가 될 만큼 두려움, 슬픔, 공격성에 사로잡혀 너무 거칠어져 버린 또 하나의 인성으로 말이다.

나는 약간 모호하지만 역설적인 생각을 해보았다. "이 아이는 지금 자신의 상태가 아닌 다른 사람의 상태를 드러내고 있어."

오드의 엄마를 다시 진료실 안으로 들어오게 했을 때, 나는 그녀에게 아이에 대해 잘못 판단했는지가 아닌, 주위 사람들에게 영향을 끼칠만한 사건이 있었는지 질문을 던졌다.

그녀의 얼굴은 서서히 일그러지기 시작하더니, 마침내 걷잡을 수 없을 정도의 눈물을 쏟아냈다. 그녀는 1년 전에 있었던 자신의 오빠의 죽음에 대한 이야기를 했다. 그녀의 오빠는 주위 사람들에게는 너무도 갑작스럽고 충격적인 상황 속에서 죽음을 맞이했다. 그래서 이 사실을 오드에게 감추기는 했지만, 이 일이 오드의 문제와 관계가 있을 수 있다는 것에 대해 이해할 수 없다는 반응을 보였다.

상담이 진행되는 동안 그녀는 만일 삼촌의 죽음을 오드에게 감추지 않았다면, 그녀는 또한 자신의 상태, 즉 참을 수 없는 슬픔이나 심각한 우울증 역시 감추지 않았을 것이라는 사실을 이해했다. "아이를 보호하는 데 급급해서 아이를 제대로 보지 못했어요." 그녀는 일상 속에서 마치 아무런 일이 일어나지 않았던 것처럼, 항상 미소 띤 얼굴로 매우 적극적으로 행동했다. 비밀은 이 사건에 대해서 이루어진 것이 아니라 이 사건이 그녀에게 끼친 감정적, 심리적 변화에 대해서 이루어졌다. 눈물을 쏟아내는 엄마를 이상한 듯이 쳐다보다가, 오드는 테이블 위에 놓인 손수건을 자신의 엄마에게 내밀었다. 여전히 미소 띤 얼굴로 말이다.

나는 다시 오드가 상담을 받으러 오게 된 원인으로 화제를 돌렸다. 그리고 오드의 엄마에게 내가 설정한 가설에 대해서 설명했다. "엄마의 슬픔이 오드의 머릿속에 있어요."

한 달 후, 두 사람이 다시 상담을 받으러 왔을 때, 오드와 엄마의 표정이 한결 밝아져 있었다. 둘 사이에 있었던 두려움과 불안이 사라지고 있었다.

오드는 다시 학교생활에 관심을 가지게 되었다. 오드의 엄마는 오드가 변했다고 말했다. 그리고 엄마는 아이에게 첫 번째 상담을 받고 돌아온 후에 오드가 자신의 여동생에게 했던 말을 반복해보라고 요구했다. 오드는 스스럼없이 실행에 옮겼다. "저는 엄마의 슬픔이었어요. 그래서 저는 제 머릿속에서 그 슬픔을 나오게 했어요. 왜냐하면 그것은 제 것이 아니었으니까요."

이 이야기가 특별하게 느껴지는 이유는 삼촌의 죽음이라는 사건 그 자체는 아이들에게 아무런 비밀이 되지 않을 수도 있었다는 점이다. '가족의 비밀'은 삼촌의 갑작스런 죽음에 대한 비밀이 아니었다. 하지만 '가족의 비밀'은 존재했고, 그것은 삼촌의 죽음이 엄마의 심리 상태에 미친 영향에 대한 비밀이었다. 바로 엄마의 감당하기 힘든 슬픔, 내재된 우울함에 대한 비밀이었던 것이다.

만일 그녀의 문제가 딸에게 영향을 끼쳤다면, 그것은 비밀이 보호자로서의 기능에 실패했기 때문이다. 비밀의 공간 그 자체가 본질적 자격을 상실한 것이다. 이 경우에 비밀의 공간은 그녀로 하여금 갑작스런 현실과의 충돌을 견뎌낼 수 있도록 그녀 자신의 생각이나 추억에 접근할 수 있는 공간을 제공해주지 못했다.

　오빠에 대한 상실감에서 오는 모든 내면의 생각을 피하기 위해서, 오드의 엄마는 자신의 내면에 그 누구도 접근할 수 없는 '금지 구역'을 만들어버렸다. 그런데 이제 그녀의 내면에 자리 잡고 있는 이 '금지 구역'은 그녀 자신도 접근할 수 없는 것이 되어버린 것이다.

　이 '금지 구역'은 마치 접근을 금지하는 팻말을 붙여놓은 보호 구역과도 같았다. "비밀: 들어오지 마시오." 그곳에는 주체할 수 없는 슬픔뿐만 아니라, 어쩌면 너무 일찍 사라져버린 오빠에 대한 분노와 원한이 자리 잡고 있었을지도 모른다. 어린 시절의 기억, 추억, 눈물 역시 함께 존재하고 있었을지도 모른다. 이 구역은 무의식적인 차원에서 그녀를 자신의 오빠와 연결해주는 곳이기도 하다. 그녀의 내면에서 맺어진 오빠와의 새로운 관계는 현실에서 겉으로 드러난 오래된 관계를 대신했다. 한편으로 그녀는 모든 현실, 모든 갈등을 넘어 상상의 관계를 계속 유지하기 위해서 자신의 오빠와 자신을 동일시했다. 따라서 그녀의 자아는 둘로 분열될 수밖에 없었다. 하나의 자아는 잃어버린 대상과 동일시하고 있었으며, 또 하나의 자아는 나머지 세상과 관계하고 있었다. 그래서 그녀는 내면의 공허함에 고통스러워하고 있었다. 마치 자신의 일부가 그녀 자신에게서 빠져있는 것처럼 말이다.

그녀는 다양한 활동 속으로 끊임없이 달아나는 것으로 이러한 공허함에 맞섰다.

하지만 그러한 노력은 실패할 수밖에 없었고, 따라서 그녀의 감추어져 있던 취약함이나 공격성은 드러날 수밖에 없었다. 그러므로 비밀을 병적인 것으로 만드는 것, 이 경우에 극복할 수 없는 애도의 감정이 병적인 것으로 변질된 것은 바로 상실감이 야기하는 감정이나 생각에 직면하는 것을 회피하려는 태도 때문이다.

한 가지 사건 주위에 의식이 넘어올 수 없는 높은 장벽을 쌓아 올리게 되면, 그 당사자조차도 이 사건을 자신의 심리구조 속으로 받아들이고 자신의 경험과 연결시킬 수 없게 된다.

오드의 엄마는 다소 의식적인 방법으로 이러한 자신의 상태를 감추려고 시도했다. 직업적인 활동으로 달아나거나 말의 속도를 빨리한 사실은 그녀 스스로를 되돌아보거나 슬픔에 빠져들 수 있는 잠시의 틈도 주지 않으려는 시도였다. 그렇게 하지 않았다면, 그녀는 오빠에 대한 상실감에 사로잡혀 꼼짝할 수 없었을 것이다.

따라서 부정적인 비밀이란 심리 구조 내의 '금지 구역'에 자리 잡은 채 해결되기를 기다리고 있는 충격적인 사건이라고 정의할 수 있다.

'부정적인 비밀'의 첫 번째 특징은 한 사람을 둘로 나누는 것, 심리분석적인 전문용어로 '자아분열'이라고 부르는 것을 야기한다는 점이다. 이러한 자아분열의 부정적인 특징은 특별히 무감각한 상태 속에 머무르면서 다른 생각, 추억, 상념, 공상을 의식적 사고나 무의식적 사고와 적절히 연결시키는 모든 작업을 차단한다는 점이다. 부정적인 비밀을 감싸고 있는 일종의 다공질 막과 같은 것이 주체의 삶에 혼란을 야기하게 될 불안, 슬픔, 수치, 분노와 같은 부정적인 감정들을 선별하여 의식 속으로 통과하게 한다. 주체는 자기 인생의 몇몇 상황 속에서 그러한 감정들을 왜 느끼는지 알지 못한 채로 어떤 감정에 사로잡히게 된다. 사실상 그 감정의 원인이 된 사건에 대해서는 접근할 수도 없다. 다만 그 사건과 관련 있는 몇몇 감정들만이 그 지역에서 흘러나올 뿐이다.

N. 아브라함N. Abraham과 M. 토록M. Torok은 몇몇 '애도의 질병'이 심리에 끼치는 영향에 대해서 연구했다. 특히 이 애도가 이상화된 사람에 대한 상실감과 관련이 있거나 말로 설명할 수 없는 사건과 관계가 있는 경우를 연구했다. 이럴 경우에 주체는 말로 설명할 수 없는 사건에 대한 비밀을 간직한 '비밀 보유자'[6]가 된다. 이 '비밀 보유자'를 통해서, 우리는 주로 수치심으로 얼룩져 있거나 은밀한 쾌락과 관련이 있는 사건들(어린 시절 어른 혹은 친인척으로부터의 성폭행, 심각한 질병, 마약 중독, 부모나 형제·자매의 자살 등)과 관계 있는 초심리적 비밀의 존재를 알게 된다.

이럴 경우에 '비밀 보유자'는 그 자신의 수치심이나 비밀뿐만 아니라 다른 사람의 수치심이나 비밀을 감추려고 한다. 하지만 이러한 은밀한 경험은, 비록 고통스럽다고 하더라도 잃어버린 천국을 되살아나게 하기 위해서, 그리고 상실감을 피하기 위해서, '비밀' 한가운데서 생생하게 유지된다.

"이 비밀의 한가운데에는 쉬지 않고 주위를 경계하는 올빼미처럼 말로 표현할 수 없었던 말들이 생생하게 가슴 속에 자리 잡고 있다. 말로 표현할 수 없었던 모든 단어, 기억으로 떠올릴 수 없는 모든 장면들, 쏟아낼 수 없는 모든 눈물들이 자리 잡고 있는 것이다."

이런 유형의 '초심리적 비밀'은 한 사건에 대해서 통합적인 사고를 방해하는 '부정적인 비밀'과 그 속성이 비슷하다. 부정적인 비밀은 항상 자아와 자아, 타인과 자아의 관계를 움직이는 원동력의 관점에서 정의할 수 있다. 모든 비밀은 그 내용이 문화적, 종교적, 가족적 규범에 위배되기 때문에, 주체가 그 비밀을 나르시즘적 상처 혹은 자아나 가까운 사람의 이미지를 손상시키는 것으로 받아들이는 순간부터 부정적인 것이 되는 것이다. 이러한 사건에 대한 죄책감이나 수치심은 단지 관계를 움직이는 원동력 속에서만 의미를 가지게 된다.

위의 사례에서, 오드의 엄마는 심지어 오빠의 죽음을 잊었고, 그 사건을 다른 차원으로 넘겨버렸다. 이 사건이 되살아나서 하나의 감정을 유발하고, 결국 그녀로 하여금 자신의 상태를 의식할 수 있게 해준 것은 단지 보다 정확한 한 가지 질문에 의해서

였다.

잠재적 상태의 부정적인 비밀은 일반적으로 다음 네 가지 주제 중 하나와 관련이 있다. 법, 섹스, 건강(질병, 정신병, 알코올 의존증, 자살, 가까운 사람의 죽음), 권력이 그것인데, 이러한 주제들은 서로 엇갈려서 동시에 나타날 수 있다.

사회적, 예술적, 경제적 혹은 직업적 성공으로 가는 길에는 그 주체가 자기 자신이나 다른 사람들에게 감추고싶어하는 '금지 구역'이 중간 중간 자리 잡고 있을 수 있다. 그 길을 가는 도중에 경험하게 되는 장애물이나 실패 역시 주체를 서서히 약화시킬 수 있는 '부정적 비밀' 혹은 그 자신을 무겁게 짓누르는 비밀이 될 수 있다.

하지만 이러한 장애물이 반드시 부정적 비밀을 만들어내는 것은 아니다. 앞서 살펴보았듯이 부정적 비밀은 주체가 가동하는 심리적 원동력에 따라 결정된다. 똑같은 한 가지 사건이 어떤 사람의 경우에는 파괴력의 근원이 될 수도 있고, 또 다른 사람의 경우에는 활력의 근원이 될 수도 있다. 사실 예술, 운동, 문화, 직업, 과학, 철학, 심리분석학적 결과물은 종종 이와 같은 근원에서 비롯되곤 한다.

비밀은 항상 이중성을 나타낼 수 있다. 충격적인 사건에 대한 느낌과 감정이 항상 앞의 사례에서와 같은 방식으로 표출되는 것은 아니다. 오빠의 죽음으로 다시는 오빠와 함께 할 수 없다는 충격에 빠진 상태에서, 어떻게 오빠와 함께 했던 어린 시절을 어린 딸과 재연할 수 있겠는가? 그녀의 고통, 불안, 분노는 어린 딸에게로 옮겨갔다. 부모의 과거는 특히 어린 자식의 현재 상태에서 종종 재연되곤 한다. 부모는 자식의 모습을 바라보면서 그 모습과 관련이 있는 그들 자신의 어린 시절의 즐거운 혹은 불쾌한 추억을 떠올리게 된다.

이처럼 '금지 구역'과 관련이 있는 느낌과 감정이 자리를 옮겨서 표현이 된다면, 그것은 조금 더 누그러져서 표현될 수도 있다. 그렇다고 하더라도 그 근본 원인은 여전히 접근 불가능한 상태로 남아 있다. 따라서 이번에는 무의식적으로 가장 중요한 심리적 요소, 즉 감정을 감출 필요가 있게 된다.

프로이트에 의하면, "우리가 단지 추억이나 겉으로 보이는 모습에 대해서만 말하는 한, 우리는 표면적인 상태에 머무를 수밖에 없다. 심리적 삶에서 중요한 유일한 요소는 감정이다. 모든 심리적 원동력은 단지 감정을 일깨울 수 있는 능력에 따라 중요성을 지니게 된다. 그리고 드러나서는 안 되는 감정의 표출과 관련 있는 표현은 억제될 수밖에 없다."[7]

이러한 감정의 표출은 다른 감정의 표현을 차단하면서, '금지 구역'과 상징적으로 관련이 있는 다른 사람이나 다른 상황으로 옮겨가 고착되어버릴 수도 있다.

특히 영화의 한 장면이나 어떤 분위기가 그것과 전혀 어울리지 않는 감정의 소용돌이를 일으키게 하는 경우가 바로 이러한 '감정의 이동'이 나타난 경우라고 할 수 있다. 영화 속 격렬하게 키스하는 장면이나 아이가 학교 운동장을 달려가는 장면, 지하철에서 시선을 교환하는 단순한 장면 등, 모든 것이 감정 폭발의 구실이 될 수 있다. 하지만 이럴 경우에 감정은 너무도 엉뚱하고 과장되게 표출되기 때문에 그 주체도 놀라게 된다. 사실상, 이러한 사고의 연결 작업은 의식할 수 있는 것보다 훨씬 더 빠르게 진행된다. 상담 치료 과정에서 환자들은 종종 감추어두었던 감정이나 내재된 우울한 상태와의 '은밀한' 상관관계를 발견하게 된다.

한 환자가 직업적 문제로 나를 찾아온 적이 있다. 그는 애정 관계에 있어서는 별다른 문제가 없었다. 대인 관계나 교우 관계 역시 마찬가지였다. 하지만 직장에서만은 도저히 해결의 실마리를 찾을 수 없는 같은 상황을 규칙적으로 반복하고 있었다. 주기는 늘 비슷했다. 그의 표현에 의하면, 밀월의 시기, 즉 고용주의 절대적인 신임을 얻고 가파르게 승진을 하는 첫 번째 시기가 지나고 나면, 그 다음으로 서로의 관계가 악화되고, 서로에 대해서 배신감을 느끼게 되는 두 번째 시기가 찾아온다고 한다. 그리고 마지막으로 최악의 상황 속에서 서로의 관계가 완전히 단절되는 세 번째 시기가 찾아온다. 심지어 노동쟁의조정위원회에 회부될 정도로 심각한 노사 갈등을 겪은 적도 있다고 한다.

치료를 진행하던 도중에, 그는 스스로도 이해할 수 없는 이러한 충동적인 행동이 열 살 무렵에 가까운 친척 어른에게 당했던 성추행의 문제와 관련이 있다는 사실을 깨닫게 되었다. 그가 직장에서 느꼈던 감정적 경험들은, 심리적인 측면에서 어린 시절의 충격적인 사건을 경험하면서 느꼈던 다양한 감정들과 거의 비슷하게 닮아있었다. 유혹, 강한 능력, 거부, 싫증, 폭력, 요구, 비난, 복수 등의 감정들이 또 다른 분야(직장)로 이동한 것이다. 충격의 원인(성추행)이 여전히 의식적인 차원에서 그에게 나타나지 않은 채로 말이다.

해결되지 않은 다른 모든 무의식적 문제들과 마찬가지로, 그의 행동은 그 사건에 영향을 받고 있었다. 금지 구역은 그 자신도 모르는 사이에 주체로 하여금 원인을 알 수 없는 행동을 하도록 만들고 있었던 것이다. 이해할 수 없는 과도한 행동을 이상하고 일관성 없는 방식으로 말이다. 때로 그 당사자는 자신의 직업이나 취미를 통해서, 금지 구역에 감춰져있는 추억과 상징적으로 관련 있는 활동에 매우 열정적으로 집착할 수도 있다.

변호사로서 유복한 환경에서 지내던 한 환자는 습관성 도벽을 나타냈다. 그의 이런 행동은 어린 시절에 목격했지만 잊고 지내던 어떤 장면과 관련이 있었다. 그 장면은 그가 좋아했던 가정교사의 부당한 해고에 관한 것이었다. 그는 자신이 좋아했던 한 사람의 불행한 운명에 발목이 묶인 채 반복적인 도벽을 통해서 그때의 충격적인 장면을 재연하고 있었다.

주위 사람들에게 지속적이고 반복적으로 갈팡질팡하는 태도를 보이는 사람들은 종종 '금지 구역'에 속해있는 있는 그대로의 감정이 그 감정을 제한하고 있는 다공질의 막을 통과하여 확산된 경우다. 이러한 감정이 다른 사람, 혹은 다른 상황으로 이동해 그 평계를 하찮거나 무의미한 화로 표출하는 것만으로도 주체는 심리적인 위안을 얻을 수 있다.

행동으로 표출한다는 것은 개인이 감추어둔 사건에 견줄만한 수준의 자극을 찾는 것만으로도 감정의 폭발을 통제할 수 있게 되었다는 신호다.

이는 사디즘적 행동, 위험한 성적 행동, 알코올 의존증, 마약 중독 등의 다양한 특징적인 행동들로 나타날 수 있다. 수많은 청소년과 젊은이들이 '자극적인 파트너'[8]를 찾는 것으로 더 이상 알고 싶지 않았던, 감춰두었던 감정을 표출하려고 한다. 뿐만 아니라 서로 주도권을 차지하기 위해서 끝없이 다투는 부부나 허무를 견디지 못해 결국 최후의 수단인 자살로 생을 마무리하는 사람들도 있다.

보다 철저한 치료를 받지 않는다면, 이러한 행동은 수치심이나 침묵 속에서 경험했던 충격적인 사건을 극복하기 위한 유일한 출구가 될 수도 있다.

우리는 '금지 구역'이 일상에 미치는 또 다른 결과를 관찰할 수 있다. 다양한 감정(슬픔, 억제, 혹은 갑작스러운 분노의 폭발)이 그 감정을 유발할만한 상황이 없는데도 나타나서 주위 사람들을 놀라게 하곤 한다. 때로 한 개인은 자신의 감정을 감추고 은폐할 수도 있다. 하지만 이렇게 감추어진 감정은 다른 즐거움이나 고통을 느끼는 것마저 방해해, 알 수 없는 죄책감과 수치심에 사로잡혀 늘 슬픔에 빠져들게 한다. 결국 그 개인은 사물이나 사람에 대한 모든 흥미를 잃어버리고, 단지 무거운 비밀을 안고서 자신 안에서만 살아가기 위해서 모든 사회적 삶을 포기하게 된다.

오드에 관해서 아직 여러 가지 의문이 남아 있다.

우선, 오드에게 전달된 것은 무엇이었을까? 애도 혹은 애도의 결과? 엄마의 문제 혹은 문제의 결과? 그렇다면 어떻게 그것이 오드에게 전달될 수 있었을까? 사람들이 말하지 않았던 그것이 무엇을 통해서 전달될 수 있었을까?

마지막으로, 그것은 어떻게 가능했을까? 오드는 이 전달 과정에서 능동적이었을까, 수동적이었을까? 그녀의 자매 가운데 왜 유독 오드만이 엄마의 고통을 느꼈을까?

오드는 다양한 감정을 느꼈고, 다양한 행동을 보여줬다. 그것이 엄마의 '금지 구역'과 직접 연결되어있는 것인지, 혹은 자신의 심리 구조 속에 침입한 엄마의 이러한 감정에 맞서 싸우기 위한 반응으로 나타난 것인지 구분하기가 힘들다.

오드의 태도 문제는 엄마와의 대립, 권위에 대한 거부, 분노,

위축, 억제로 인한 성격 변화, 성적 하락으로 나타났다. 오드의 감정 문제는 다양한 두려움과 분리 불안으로 나타났으며, 심리 문제는 악몽, 그리고 엄마가 묘사하는 어린 딸과 "구름 한 점 없는" 멋진 그림을 그리면서 웃고 있는 어린 딸 사이의 대조된 모습으로 나타났다.

오드의 태도는 공격적 행동과 우울한 행동, 이 두 가지 유형의 행동으로 나누어서 생각해볼 수 있다. 이 경우처럼 주위 사람들에 대해서 공격성을 드러내는 경우는 두 가지 경우로 해석할 수 있다. 아이의 공격성은 부모의 우울증에 대항하기 위해서 가장 자주 사용하는 반응이다. 공격성, 대립, 분노는 아이들이 슬픔이나 우울을 피하기 위해서 나타내는 반응이다. 게다가 이러한 적극적인 행동은 실질적으로 부모로 하여금 우울증에 빠지지 않게 하는 결과를 가져온다. 아이를 굴복시키기 위해 아이의 뒤를 쫓아다니는 데 자신의 시간을 다 빼앗기는 부모가 슬픔에 빠질 시간이 있겠는가? 딸아이가 엄마의 시간을 독차지하는 것은 우울증에 대한 가장 이상적인 처방이다.

하지만 아이의 분노는 엄마가 자신의 오빠의 죽음에 대해서 표현할 수 없었던 분노를 대신 표현하는 것일 수도 있다.

오드의 우울한 태도는 엄마의 상태와 보다 직접적으로 관련이 있다.

오드의 태도는 두 가지 측면에서 '눈에 보이지 않는' 엄마의 문제를 세상의 눈에 보이도록 크게 소리를 내어 표출하고 있었다. 이러한 태도는 아이가 자신이 느끼는 심리적 긴장, 불안을 극복하기 위해서 자신의 성격을 바꾸고 변화시키는 등 그 나름대로의 대가를 치르면서 가족의 문제를 치유하려는 부적절한 시도다.

감정적인 측면에서 오드는 평소와는 다른 이상한 특징을 드러냈다. 하지만 분노, 위축, 우울은 엄마의 감추어진 상태를 완벽하게 드러내고 있었다. 마치 한 사람의 말로 할 수 없었던 감정이 연통관을 통해서 다른 사람에게 전달된 것처럼 일어났다.

사고의 측면에서 우리는 오드에게 문제가 있다는 사실을 증명해주는 '이중성'과 악몽에 대해서 의문을 제기할 수 있다. 병에 걸린 것은 오드의 성격 전체가 아니라 오드가 자신의 엄마에게 떼어준 심리적 삶의 한 부분일 뿐이다. 그녀의 엄마가 할 수 없었던 심리적 작업, 우울증에 대한 작업이 오드에게 맡겨진 것이다. 마치 자신의 엄마가 받아들일 수 없었던 감정을 조절하기 위해서 부모의 부모가 된 것처럼 말이다.

어떻게 한 사람에게 보이지 않던 문제가 다른 사람에게 보이는 문제로 옮겨갈 수 있었을까? 어떻게 감추어두었던 문제가 전달될 수 있었을까?

마술에 의해서? 사고의 전달에 의해서? 프로이트와 그의 몇몇 제자가 심리분석의 초기부터 이에 대한 단서를 찾고자 했다. 하지만 성공을 거두지는 못했다. 하나의 무의식이 또 다른 무의식에 끼치는 영향은 단순히 텔레파시를 통해서 이루어지는 것이 아니다. 다른 누군가의 무의식에 대한 인식은 그 사람의 감정, 말, 목소리, 억양, 침묵, 육체적 언어, 태도에 특별히 민감하게 반응하는 누군가에 의해서 이루어진다. 이것은 다시 그 누군가의 무의식 속에 어떤 이미지나 사고, 감정을 불러일으킨다. 대화를 나누던 중에 언급된 특정한 말에 대해 상대방은 새로운 의미로 받아들일 수도 있다. 가족 이야기에서 일관성이 결여되어있다거나 그 전개 방식이 매끄럽지 못하다는 사실은 어떤 사건이 무의식적 차원에 남긴 보이지 않는 흔적 때문이라고 할 수 있다.

이러한 흔적은 그 주체가 말로 하지 않았거나 심지어 알지 못하는 것들이 표출되는 통로다. 그리고 감수성이 예민한 주위 사람이나 정신 분석가들이 무의식적으로 들을 수 있는 은밀한 목소리다.

오드의 엄마가 의식적인 차원에서 아무 것도 보여주지 않았다고 생각하더라도, 그녀는 아이들에게 전달되는 모든 언어적이거나 비언어적인 언어, 감정, 태도까지 통제할 수는 없었다.

엄마의 심리 구조가 아이의 심리 구조에 끼치는 영향력의 위력은 우리에게 새로운 사실이 아니다. 아이들은 특히 부모가 인정하고 싶어하지 않는 부모의 태만, 결함, 문제를 부모 대신 드러내게 된다. 게다가 아이들은 부모와 자신을 적극적으로 동일시하고, 그들의 기대에 따라 자신을 변화시키려는 경향이 있다.

프로이트가 말했듯이 아이는 동일화의 방법으로 부모와의 관계를 보다 쉽게 표현한다. 문제가 있는 경우라면, "나는 나의 엄마예요"가 "나는 엄마가 감추어둔 문제예요"로 바뀌는 것이다. 이런 동일시는 심리분석적으로 "주체가 다른 사람의 모습, 특성, 속성을 자신의 것으로 받아들이고, 그 사람의 방식으로 완전히 혹은 부분적으로 변화하려는 심리적 과정이다."[9]

심리분석가인 하이데 팸베흐그Haydee Faimberg는 아이들이 자신의 부모, 혹은 그들이 상상하는 부모가 이상적이라고 생각하는 아이의 모습에 사로잡혀 있다고 말한다.[10] 아이들이 이처럼 부모의 무의식에 사로잡힌다는 사실은 아이들 자신이 부모의 문제가 무엇인지 적극적으로 상상하고, 따라서 그 문제를 은밀하게 전달받을 수 있다는 사실을 설명해준다.

따라서 보호 기능을 하는 비밀과 달리 '금지 구역'의 중심이 되는 비밀은 주위의 가까운 사람이나 가족 구성원에게 은연중에 영향을 끼칠 수 있다. 그것은 비밀을 가족적인 불행으로 만들어버리는 심리적 체념 때문이 아니다. 아직 해결하지 못한 문제가 심리적으로 끼칠 수 있는 결과에 대해 적극적으로 환상을 품고, 게다가 이 문제를 적극적으로 동일시하는 능력 때문이다. 이러한 상황을 가리키기 위해서 '비밀'이라는 용어를 확장해서 사용하는 것은 비밀이라는 단어에 부정적인 의미를 강하게 부여하는 결과를 초래한다. 이렇게 해서 '비밀'이라는 단어를 무의식 차원에 존재하는 가족의 모든 문제를 가리키는 데 사용하게 된 것이다. 이러한 문제를 '모든 것을 말하는 것'으로 해결하려는 태도는 문제에 대한 적절한 접근을 불가능하게 할 위험이 있다. 그보다는 자기 자신의 내면을 들여다보고, 자신의 세계관을 확인해보고, 이러한 세상을 건설하는 데 자신이 어떤 역할을 했는지를 적극적으로 알아볼 필요가 있다. 우리는 항상 우리의 모든 무의식에 대해서 책임이 있다.

우리는 이처럼 세상을 창조해낼 수 있는 능력을 가지고 있기 때문에, 또한 다시 새롭게 창조해내기 위해서 세상을 파괴할 수 있는 능력도 가지고 있다. 그러기 위해서는 잘 살거나 심지어 잘못 살기 위해서 만들어놓은 모든 신화나 편견 속으로 모험을 떠나볼 필요가 있다. 자신의 생각을 이야기하는 것은 비밀로 이루어진 정원 속에서 스스로 위험을 무릅쓰는 것을 전제로 한다.

비밀의 심리학

ÉLOGE DU SECRET

"너는 네가 모르는 것까지 알고 있지는 않다."
- R. 나만 R. Nahman

Chapter
12

비밀의 비밀

비밀은 우리의 심리 구조와, 가장 은밀한 공간의 수호자다. 우리는 다른 사람들의 시선을 피해서 이 비밀의 정원을 가꾸면서 그것이 아름다워지는 광경을 지켜본다. 비밀은 그 정원을 보호해주는 울타리인 동시에 그 정원 속에 심어놓은 꽃이다.

세상을 살아갈 만한 곳으로 변화시키기 위해서 우리는 삶을

199

살아가고, 다른 사람들과 관계를 맺고, 세상을 변화시킬 수 있는 능력을 내면에서 끄집어낸다. 이 능력은 바로 우리의 자아, 우리의 내면세계, 우리 자신과의 관계 속에 뿌리내리고 있다. 하지만 그 근원은 종종 은밀하게 감춰져 있다. 우리는 다른 사람들에게 우리가 세상과 맺고 있는 관계의 깊은 원인은 감춘 채 그 결과만을 보여준다. 게오르그 짐멜Georg Simmel이 말했던 것처럼 말이다. "완전히 줄 수 없는 존재를 위험에 노출시키지 않고서, 자신을 줄 수 있는 존재들이 있다. 그것은 영원히 앞으로 나아갈 수 있게 해주는 그들의 풍요로운 영혼 덕택에 가능하다. 앞으로 나아갈 때마다, 그들의 영혼은 새로운 보석을 만들어낸다. 그들의 잠재된 영적 자산은 끝이 없다. 그들은 이러한 영적 자산을 한 그루의 나무처럼 완전히 감추지도, 한꺼번에 다 주지도 않는다. 단지 다음 해를 위하여 나무를 손상시키지 않으면서 한 계절의 과일만을 내어줄 뿐이다... 감정적 충동으로 자신의 절대적 자아를 보여주고 내면세계를 드러내면서 자신의 자산을 소모하는 사람들의 경우는 이와 다르다. 그들에게는 영혼에 의해서 늘 새로워질 수 있는 자산의 근원인 원초적 힘이 부족하다. 이것은 자아로부터 드러날 수도 떼어질 수도 없는 부분이다. 결국 그들은 머지않아 빈 손으로 남겨지게 된다. 격정적 기부는 결국 가난만을 남겨주고, 과거의 기부나 행복마저 사기로 만들어버린다. 우리 삶의 기초를 이루는 것은 단지 어느 정도의 진실과 실수만이 아니다. 우리 삶

비밀의 심리학 Éloge du secret

을 구성하는 요소들의 명확성과 불명확성으로도 이루어진다." [1]

우리는 비밀에 대한 비밀을 간직하고 있다. 이러한 비밀은 어느 정도 '위조된 비밀'이고, 우리 행동의 골격, 우리의 꿈과 욕망의 토대가 된다. 비밀과 행동 사이의 관계를 설정하는 것은 꽤 힘든 일이다. 왜냐하면 우리의 비밀과 행동은 의식적 차원에서 항상 알 수 있는 것이 아니라, 다양한 결정 인자들로 이루어지기 때문이다. 우리 행동의 동기는 무의식 깊숙한 곳에 뿌리내리고 있다. 우리의 비밀 중 몇몇은 우리 자신을 넘어서 있다. 우리 자신에게도 비밀인 것이다.

우리는 다른 사람에게, 함께 나누고 즐기고 싶어하는 부분만을 드러낸다. 우리는 모두 다른 사람들에게 각자 최고의 마술, 비밀스럽게 작업한 결과만을 보여주고 싶어하며, 그 비밀을 공개하고 싶어하지는 않는 마술사와도 같다.

이러한 비밀은 다른 사람들과 어우러져 살아갈 수 있게 해줄 뿐만 아니라 우리 자신을 받아들이면서 살아갈 수 있게 해준다. 그러기 위해서 우리는 다른 사람들에게 끼치는 행동의 영향력에 대해서 스스로 환상을 품을 수 있어야 한다. 그렇다고 해서 환상으로 이루어진 삶을 살아야한다는 것이지, 삶에 대한 환상을 가지라는 것은 아니다. "환상을 꿈꿀 수 있어야만 한다"고 니체는 말했다. 여기서 니체는 기만적 의미에서의 환상이 아닌, 우리가 부여하는 의미를 통해서 있는 그대로의 현실을 초월할 수 있게 해주는 환상을 말했다.

우리 내면에서 이루어지는 자아 대 자아의 대화를 통해서, 우리는 다른 사람에게 우리의 생각 중 어떤 것을 드러내지 않을지를 결정한다.

이러한 과정을 통해서 우리의 내면에 간직된 비밀은 앞서 살펴보았던 대로 우리의 자아를 보호하는 기능을 하는 비밀이 될 수 있다. 이러한 비밀의 나르시즘적 기능은 다른 사람들의 시선이나 판단, 비난과 같은 외부의 침입으로부터 자아 존중감이나 자아가치관, 자아상을 보호할 수 있는 내면의 공간을 만들어준다.

비밀은 또한 심리 구조를 결정할 수 있는 능력이 있으며, 우리로 하여금 삶에 직면할 수 있는 수단을 제공해주기도 한다. 비밀의 이러한 기능은 단지 어린 시절에 한정되지 않고 우리가 살아가는 동안 계속 수행되며, 사람들에게 창조적, 상징적 사고를 하고, 세상에 대해 적절한 환상을 품을 수 있는 공간을 마련해준다. 따라서 개인은 현실을 견딜 수 있을 만한 것으로 바꿀 수 있으며, 어쩔 수 없이 경험하거나 받아들일 수밖에 없었던 사건을 받아들이거나 함께 나눌 수 있을만한 것으로 만들 수 있다.

비밀은 필연적으로 다른 사람과의 관계를 함축하고 있다. 이 것은 비밀의 주요한 요소 중 하나이기도 하다. "타인은 타인으로서 존재하기 때문에 비밀이다." 데리다Derrida가 말했다.[2]

때로 우리는 내면 깊숙이 숨어 있는 비밀의 동기를 무시하곤 한다. 비밀은 주로 수치심, 죄책감, 불안, 두려움 등을 동기로 만들어지곤 한다.

우리는 스스로 의식조차 하지 못하는 비밀을 가지고 있다. 하지만 비밀은 우리가 알지 못하는 사실이 아니라, 우리 내면에서 우리가 알아주기를 기다리고 있는, 베일에 가려진 감추어진 사실이다. 그 사실은 우리의 손이 아닌, 영혼이 닿을 수 있는 곳에 자리 잡고 있다. 우리가 존재론적 의문을 제기할 때, 비로소 그러한 사실에 접근할 수 있게 된다. 그런 경우에 비밀은 풀어야 하는 수수께끼가 된다. "나는 내가 무엇을 알고 있는지 알지 못합니다."

프로이트는 이러한 감추어진 사실에 접근하고, 그것을 말로 표현하고, 그것에 의미를 부여하기 위해서 진정한 자아를 찾아가는 여행을 할 수 있는 길을 개척했다. 심리분석은 우리의 비밀에 대한 비밀, 즉 무의식을 찾아내기 위한 것이다. 다시 말해서 우리의 욕구, 꿈, 성공, 불행, 실패의 감추어진 비밀을 찾아내는 것이다.

무의식은 우리가 알지 못하는 생각들을 수동적으로 모아둔 곳이 아니다. 무의식은 우리가 알지 못하는 생각들이 의식에 접근하는 것을 차단하는 적극적인 힘이다. 무의식은 감정, 증상, 꿈을 만들어내기도 하는데, 이것은 무의식적 요소들이 의식에 접근하기 위해서 취하는 한 가지 형태라고 할 수 있다. 보편적으로 무의식은 인류의 상징적, 신화적, 문화적 산물의 근원이 되어 왔다.

자아에 대해 감추어둔 비밀뿐만 아니라, 이러한 은밀한 공간은 우리로 하여금 다른 사람과 관계를 맺을 수 있도록 해주는 요소임에 틀림없다.

우리는 스스로 알지 못하는 것에 대해서 이름을 붙일 수 없다. 하지만 이처럼 은밀한 공간인 무의식은 우리의 가장 깊숙한 욕구, 취향, 선택, 결정, 심리적 진실을 대부분 이해할 수 있게 해준다.

무의식을 통한 끝없는 심리적 작업을 통해 우리는 세상을 만들고, 부수고, 다시 만들 수 있다. 비밀의 공간은 현실에 내재된 실망을 극복할 수 있게 해주는 유일한 공간이다.

'모든 비밀의 비밀'에 주의 깊게 귀를 기울이면서 진정한 자아를 향해 나 있는 길을 가다보면, 우리가 이 책을 시작하면서 만난 적이 있는 아이를 발견하게 될 것이다. 아이는 자라서 이제 어른이 되었다. 아이는 너무 이른 시기에 엄청난 고통, 위로할 수 없는 상실감, 끝없는 불안감이라는 장애물에 직면해야 했다. 그것은 누구의 탓이었을까? 환경, 가족, 그 자신, 혹은 운명의 탓이었을까?

콘라드 스타인Conrad Stein은 다음과 같이 말한다. "부모는 그들 자신이 완벽해질 수 있는 방법을 몰랐던 시간에 대해서도 잘못이 있다. 이 잘못은 필연적으로 아이의 운명에 영향을 끼친다. 심리 분석 작업은 아이의 개인적인 과거 속에서 이 잘못의 위치를 정해주는 것이 아닐까? 그러한 경우에 심리분석가가 아이에게 아이의 부모가 무시했던 진실을 확인시켜주고, 그 진실이 아이와는 전혀 상관없는 시간이나 장소에 위치한 절대적 진실임을 말해주고, 진실의 '외적 요소'만을 강조한다면, 아이는 스스로 한 발짝도 앞으로 나아갈 수 없게 된다. 사실상 절대적 진실이란 것은 분석 과정에서 주체가 자신의 내면에 감추어두었던 보물을 빼앗아버린다. 절대적 진실은 또한 주체로부터 신화적 능력, 다시 말해서 무의식을 빼앗아간다. 이와는 반대로 우리가 각 주체에 부합하는 진실을 만들어내면서 그로 하여금 그 자신이 고통의 근원이라는 사실을 확신시켜줄 수 있다면, 우리는 결정적 변화를 지켜볼 수 있을 것이다."[3]

신화적 능력은 신화나 이야기를 만들어낼 수 있는 능력이다. 이 능력은 인생의 견딜 수 없는 부분을 견뎌내기 위해 우리가 아주 어려서부터 가지고 있던 능력이다. 우리가 이 능력을 바탕으로 만들어내는 허구의 이야기는 현실에서 끊임없이 수정을 거친다. 그 과정에서 우리는 이 이야기를 우리 자신의 것으로 만들고, 더 이상 환경의 결함이나 가족의 결핍, 부정적인 비밀을 반복하지 않을 수 있게 된다.

그 유명한 '가족의 비밀'을 밝히려는 일도, 우리 자신에 대한 탐색이 전제되지 않는다면 모두 헛된 일이다. 얼마나 많은 비밀의 폭로가 단지 그 자신의 폭력성을 퍼뜨리는 데 그쳤는가? 공격적인 솔직함은 때로 너무 많은 대가를 치르게 한다.

빗나간 사랑이나 광기어린 열광 속에서, 혹은 고독에 대한 두려움이나 복수심에 의해서 이루어진 '폭로'가 무슨 가치가 있을까? 비밀을 나눌 수 있도록 뒷받침해주는 상호작용이나 신뢰가 없는 한, 그 무엇도 확실하지 않다.

비밀이 삶의 문제를 해결해줄 수 있을 것이라는 희망을 품었던 만큼이나, 수많은 '폭로'는 큰 실망을 가져왔다. 환상의 상실은 그 환상을 움직였던 마술이라는 궁극적 비밀을 함께 드러내게 된다.

다른 사람이 우리의 비밀, 즉 우리의 운명을 지켜주는 문지기가 될 수는 없다. 카프카 Kafka가 다음의 이야기에서 묘사한 것처럼 말이다.

"법 앞에 한 문지기가 서 있었다. 어느 시골 농부가 나타나서 자신을 소개하고는 법 안으로 들어가기를 청했다. 하지만 문지기는 그에게 지금은 입장을 허락할 수 없다고 답했다. 농부는 잠시 생각한 후에, 조금 후라면 들어갈 수 있을지 물었다. '그건 가능합니다. 하지만 지금은 안 됩니다.' 문지기가 말했다. 그러고는 문지기는 항상 열려 있는 그 문 뒤로 사라졌다. 농부는 몸을 구부려 문 안을 들여다봤다. 문지기가 그 사실을 알아차리고는 장난을 쳤다. '그토록 안으로 들어가 보고 싶다면, 내가 막아볼 테니 나를 이기고 한번 들어가 보시오. 하지만 이 사실을 명심하시오. 나는 힘이 아주 세다오. 하지만 나는 문지기 중 최말단에 지나지 않는다오. 문을 하나씩 지날 때마다 더 힘센 문지기가 서 있을 거요. 나는 내 뒤로 세 번째 문에 있는 문지기를 이겨 본 적이 없소.' 농부는 이런 어려움은 예상하지 못했었다. 법은 누구에게나 항상 열려 있어야 하는 것이 아닐까? 하지만 농부는 콧날이 뾰족하고 타타르 사람처럼 길고 가느다란 수염을 기른 채 갑옷을 입은 문지기를 좀 더 가까이에서 보고는, 차라리 들어갈 수 있다는 허락이 떨어질 때까지 기다리는 편이 더 나을 것이라고 생각했다. 문지기는 농부에게 의자를 가져다주면서 자신과 조금 떨어진 곳에 앉게 했다. 거기에서 농부는 며칠을, 그리고 몇 년을 기다렸다. 농부는 안으로 들어갈 수 있는 허락을 얻기 위해 수많은 시도를 했고, 끈질긴 간청으로 문지기를 피곤하게 만들었다. 때로 문지기는 농부의 사소한 질문을 받아주기도 했고, 그의 고향이나 다른 많은 것들에 대해서 질문을 던지기도 했다. 하지만 이것은 마치 귀족과 같은 고고한 태도로 무심히 던진 질문에 불과했다. 결국 문지기가 농부에게 안으로 들어갈 수 없다는 말을 반복하는 것으로 항상 상황은 끝이 났다. 이 여행을 위해서 많은 준비를 했던 농부는 문지기를 매수하기 위해서 가진 돈을 다 털었다. 농부가 주는 대로 다 받은 문지기는 그러나 다음과 같이 말할 뿐이었다. '나는 다만 당신이 더 이상 빠뜨린 것이 없는지 확인하기 위해서 받았을 뿐이오.' 또 다시 몇 년이 지나는 동안, 농부는 이제는 아무런 간섭도 거의 받지 않은 채로 문지기를 지켜보았다. 농부는 또 다른 문지기들의 존재에 대해서는 잊어버렸다. 이 첫 번째 문지기가 그에게는 유일한 장애물인 것처럼 여겨졌다. 처음 몇 년 동안 농부는 깊이 생각해보지도 않고 큰 목소리로 자신의 불운에 대해서 저주했다. 좀 더 나이가 들면서, 농부는 작은 소리로 중얼거리는 것에 만족할 수밖에 없었다. 몇 년 동안 문지기를 자세히 관찰한 결과, 농부는 문지기의 머리카락 속의 이까지 샅샅이 알게 되었고, 문지기의 기분을 바꿔주기 위해서 그의 이까지 잡아주었다. 결국 농부는 자신의 주위가 어두워진 것인지, 자신의 시력이 주위를 분간하지 못하는 것인지를 구분할 수 없을 정도로 시력이 약해졌다. 하지만 그는 이제 어둠 속에서도 법의 문에서 새어나오는 찬란한 빛을 명확히 알아볼 수가 있었다. 점점 그의 생명은 빛을 바래갔고, 죽음 앞에서 지난 수년 동안 머릿속에 쌓아두었던 경험을 토대로 지금까지 문지기에게 하지 못했던 질문을 하게 되었다. 농부가 문지기에게 신호를 보냈다. 왜냐하면 농부는 이제 더 이상 자신의 몸을 일으켜 세울 수도 없게 되었기 때문이다. 문지기는 농부와 키를 맞추기 위해서 몸을 낮추었다. '아직도 알고 싶은 것이 남았소? 당신은 정말 끈질긴 사람이구려.' 문지기가 말했다.

'만일 누구나 법 안으로 들어가기를 열망한다면, 어떻게 몇 년 동안 나 말고는 단 한 사람도 이 안으로 들어가기를 요청한 사람이 없을 수 있단 말이오?' 농부가 말했다. 문지기는 농부의 종말이 다가왔음을 느꼈다. 문지기는 청력을 거의 상실한 농부의 귀에 대고 외쳤다. '여기는 당신 외에 그 누구도 들어갈 수가 없소. 왜냐하면 이 출입문은 오직 당신을 위해서 만들어진 것이기 때문이오. 이제 나는 그만 가야겠소. 그리고 문을 닫아야겠소.'"⁴

다른 사람들은 비밀의 열쇠를 지고 있지 않다. 비밀을 발견하기 위해서 문 뒤에서 기다리기만 하는 것은 아무 소용이 없다. 운명은 우리가 받아들일 수밖에 없는 확고부동한 법이 아니다. 그자신의 길을 찾지 않았기 때문에, 농부는 이미 그를 향해서 나 있던 길 앞에서 죽어갔다.

운명은 망설임, 곤경, 실수, 선택으로 이루어진 혼란스럽고 변화무쌍한 길이다. 물론 어떤 사람들은 어느 정도 좋은 의도에서 인생의 비밀, 모든 문제에 대한 해결의 열쇠를 쥐고 있는 척 행동하기도 한다. 얼마나 많은 영적 지도자, 관념론자, 심리분석가가 이러한 기만적 행동으로 자신의 삶을 영위하고 있는지 모른다. 그럴 경우에 소위 '비밀을 안다'는 것은 오직 선택받은 몇몇 사람들만이 접근할 수 있는 호기심의 대상이며 거래의 대상이 되어버린다. 나머지 다수의 사람들은, 비밀에서 소외된다는 사실에서 받게 되는 상처를 그 비밀에 대해 더 많은 것을 알아내고 이 부자연스러운 이데올로기에 몰두하기 위한 연료로 삼는다.

다른 사람들은 절대로 우리 비밀을 지켜줄 수 없으며, 우리의 욕망이나 운명에 대해서 해결책을 제시해줄 수도 없다. 다른 사람들은 단지 우리 자신에 대해 또 다른 관점에서 접근할 수 있도록 길잡이를 해주는 안내인의 역할을 할 수 있을 뿐이다. 오손 웰스*의 작품들은 특히 이런 분야에 대한 깊은 통찰력을 제시하고 있다. 그러한 점의 명확한 표현을 위해, 이 연출가는 화면 중앙에 초점을 맞추고 배경에 강한 조명을 사용해 모든 화면을 선명하게 연출하는 촬영기법을 사용했다.

웰스는 「시민 케인Citizen Kane」**, 「미스터 아카딘Mr. Arkadin」, 「카프카의 심판The Trial, Le Proces」에서 비밀의 존재를 부각시키기 위해 이 기법을 사용했다. 웰스는 멜리에스Méliès***와 같은 수준의 카메라의 마술사였다.

「시민 케인」에서는 전방의 빈 컵이 놓여 있는 장면과 후방의 깜깜한 방 안에서 문틈으로 한 줄기 빛이 새어 들어오는 장면이 똑같이 강조되어 나타나는 장면이 유명하다. 이 장면은 전방에서 후방까지 모두 초점을 맞추는 천재적인 특수효과 덕분에 연출이 가능했다.

이 특수효과는 수많은 장면이 포개진 것처럼 보이게 하면서, 한 장면에 대해 이중적인 해석이 가능하다. 전방의 장면에 시선을 고정시키면 후방의 장면을 무시하게 되고, 또 그 반대의 경우도 가능하기 때문이다.

현실이 보여주는 그대로 보는 것은 불가능하기 때문에, 우리는 또 다른 현실과 관계를 맺게 된다. 첫 번째 장면과 결합된 소실점은 보이는 것 너머로 시선을 돌리게 만들면서, 이것 아니면 저것이 아니라 이것과 저것을 동시에 보게 한다. 다시 설명하면

---

* 미국의 영화배우이자 감독 · 제작자 · 극작가. 그가 각본을 쓰고, 제작 · 감독과 연기를 동시에 맡았던 '시민 케인'은 혁신적인 줄거리 전개 방식과 사진 이용, 극적인 효과를 주는 조명, 대사의 극적효과를 더해주고 분위기를 조성해주는 음악 등이 어우러져서 영화예술사상 가장 영향력 있는 영화 중 하나로 손꼽힌다.

** 당시 25세였던 오손 웰스가 감독과 주연을 겸하였을 뿐 아니라, H. J. 맨키비츠와 공동으로 각본을 쓴 영화사상 기념비적인 작품이다. 신문계의 거물로 권력과 재물을 쥐고 흔든 케인이라는 노인이 황폐한 대저택의 침실에서 '장미꽃 봉오리'라는 의문의 말을 남기고 고독하게 죽는 데서 시작하여, 이를 보도한 잡지사 기자가 '장미꽃 봉오리'라는 말의 수수께끼를 풀려고 케인의 생애를 추적, 그와 관계있던 사람들의 회상을 통하여 케인의 인물상과 생애의 의미가 부각되도록 구성되었다. 그 결과 케인에게 공적(公的)인 생활에서는 상상할 수도 없는 일면이 있었다는 사실이 판명된다. 이 영화에서 웰스는 획기적이고 독창적인 기법을 사용하였는데, 케인의 생애를 거슬러 올라가는 대목마다 장면의 급격한 전환을 되풀이하는 플래시백의 화술, 장심도 촬영기법인 팬포커스(pan-focus) 촬영법 등은 영화의 혁명적 기술이 되었다.

*** 프랑스의 영화 제작자이자 감독(1861-1938). 영화 발명 직후인 1896년에 세계 최초의 영화감독이 되었으며, 특수 촬영을 창시했다.

부차적인 것과 본질적인 것에 동시에 중요성을 부여하는 것이다.

케인이 죽기 전에 마지막으로 남긴 '장미꽃 봉오리'라는 의문의 말은 그가 전한 최고의 비밀이 된다. 영화는 이 말의 의미를 찾아가는 과정을 담고 있다. 그 해답은 어린 시절 그가 타던 썰매가 서서히 불에 타는 장면 위로 '장미꽃 봉오리'라는 자막이 겹쳐지는 마지막 장면에 가서야 나타난다.

케인의 인생에 있어 시작과 끝을 동시에 보여주는 장면이다.

어린 시절을 너무 일찍 잃어버린 그에게, 썰매는 세상을 향해 열려 있는 문 뒤로 너무 일찍 사라져버린 어머니에 대한 기억과 추억을 구현하고 있다.

타인은 가까이 있는 것과 멀리 있는 것을 동시에 선명하게 보기 위해서, 그리고 그 다음으로 또 다른 시야로 사물을 재구성하기 위해서 없어서는 안 되는 제3자다. 타인은 사건, 사람, 감정, 문학 작품, 예술 작품, 철학 작품, 그 무엇도 될 수 있다. 때로 그것은 '참을 수 없는 것을 참을만한 것'으로 만들려는 분석의 틀 속에서 나타나기도 한다. "심리 분석이라는 작업은 잃어버렸거나 느껴보지 못했던 감정에 의미나 표현을 연결시키는 것이다. 이러한 연결 작업이 없다면, 모든 감정은 불안으로 바뀐다."[5]

이 타인은 '견딜 수 없는 것을 견딜만한 것'으로 만드는, 거의 불가능에 가까운 너무도 힘든 작업을 책임지고 있는 첫 번째 타인으로부터 어렴풋한 울림을 전달받는다.

여기에는 항상 같은 기능이 개입한다. 지나치게 흩어져 있거나 지나치게 굳어 있는 감정들을 통합하고, 연결하고, 소화해서 그 감정에 연속성, 의미, 혹은 오직 그 주체만이 쓸 수 있는 이야기를 부여하는 것이다.

이 이야기는 침묵의 공간인 행간의 여백을 남겨두면서, 서로 나누었던 말이나 침묵, 단어, 회복이라는 잉크로 쓰인다.

주·참고문헌

머리말

1. '클로즈 업' 마술은 미국에서 Malini(1873-1942), Nate Leipzig(1873-1939), Daï Vernon(1894-192). Slydini(1901-1999)와 같은 뛰어난 마술사들이 시작했다.

1장 꿈꾸는 기술

1. 『*Sois le magicien*』, Paris, Éditions GP, 1971.
2. Marcel Gauchet, 『*Le Désenchantement du monde*』, Paris, Gallimard, 폴리오 총서, 2005.

2장 환상과 심리 발달

1. 대부분의 작가들은 프로이트가 마술과 아무런 관계가 없다고 생각했다. 하지만 몇몇 전문가들은 프로이트가 마술에 대해 가졌던 관심은 최면술, 텔레파시 등의 보다 간접적인 방식으로 나타났던 것으로 간주했다.
2. 보다 상세한 분석을 원한다면 다음의 책을 참고하라.
   A. Clancier, J. Kalmanovitch, 『*Le Paradoxe de Winnicott, De la naissance à*

la création』, Paris, Oayot, 1984.

3. '사고의 도구'는 심리분석가 W. R. Bion이 만든 개념이다.

4. 오늘날 우리가 사용하는 의미에서의 'secret(비밀)'라는 단어는 16세기에 만들어졌다. 비밀이라는 단어는 '따로 떼어놓다', '분리하다'를 뜻하는 동사 secreno의 과거 분사인 secretus이라는 단어에서 유래했다. Secreno는 '분리'를 뜻하며, cerno는 '선별하다', '체로 치다'를 뜻한다.

참고. A. Lévy, "Évaluation du mot 'secret'", 『*Nouvelle Revue de psychanalyse*』, n° 14, 1976.

5. Lebovici, 『*Le nourrisson, sa mère et le psychanalist*』(Bayard, 2003)에 인용된 "La mère et investie avant d'être percue"

6. 자아 상실로서의 어머니 상실은 Marc-Léopold Lévy가 자신의 책, 『*Critique de la jouissance comme une*』에서 강조한 개념이다.

7. C. Bollas에 의하면 "우리는 (운명에 대한) 이러한 개념을 진정한 자아의 진보를 가리키거나 개인이 자신의 운명을 완수했는지 아닌지에 대해 자문하는데 사용할 수 있다... 이러한 운명적인 충동은 개인의 사고를 성숙시킬 수 있는 잠재력을 실현하는 주체의 능력이다."

C. Bollas, 『*In Les Forces de la destinée*』, Paris, Calmann-Lévy, 1996[1989], p. 54.

3장 환상이 없는 아이

1. 이와 같은 '현실의 합리화' 나 '현실에 의한 자기 방어' 는 개인이 묘사하고 있는 문제의 본질적인 원인을 그 자신에게서 찾지 않기 위해서 사용하는 수단이다. 이성적으로 명백해 보이는 논리를 통해서, 그는 모든 대화를 끝내게 되고, 따라서 자신이 취하는 '이성적' 관점을 문제 삼는 것을 피할 수 있게 된다.

4장 비밀의 덫: 근친상간

1. '공포의 테러리즘' 은 산도르 페렌치(Sandor Ferenczi)가 자신에게 테러를 가한 부모에 대해서 아이가 그들의 의지에 따라 오히려 그들을 피해자로 인식하게 되는 심리기제를 설명하기 위해서 사용한 표현이다.

2. 지금 말하고자 하는 내용은 어린 시절이나 사춘기 시절, 주위 사람이나 전혀 모르는 사람에 의해서 성폭행을 당한 사람들의 경우에도 똑같이 적용된다.

3. 아이를 성폭행하기 위해서 속임수를 사용하는 것은 동화에도 등장한다. "빨간 모자" 에서 늑대는 상징적이고 효과적인 방식으로 심리적 차원에서의 오이디푸스적인 문제를 드러내고 있다. 이 이야기 속에는 근친상간에 대한 욕구, 아이에 대한 속임수, 법의 개입, 어른에 의한 늑대의 처벌이 잘 묘사되고 있다.

B. Bettelheim, 『*Psychanalyse des contes de fées*』, Paris, Hachette, 1976 참고.

4. 더 이상 당당하게 '아니오' 라고 말할 수 없는 아이에 대해서는 다음 문헌을 참고하라.

    J. Bigras, "Comme une bombe dans ma vie", 『*Patio/ 7 psychanalyse*』, "Inceste", 1987.

    P.C. Racamier, "À père et mère qui se donnent, pensées qui se refusent", "À l'enfant ainsi satisfait, que reste-t-il à désirer 'est rien." (『*L'Inceste et l'encestuel*』, Édition du Collège, 1995 참고)

5. 이렇게 해서 환자는 처음으로 아버지의 행동의 근친상간적인 특성을 의식하게 된다. 그리고 일종의 놀이로 간주되었던 것이 원래의 의도 그대로 불려지게 된다.

6. M. Rouyer, 『*L'Enfant violenté: des mauvais traitements à l'inceste*』, Paris, Bayard, 1994.

7. M. Berger, 『*L'Échec de la protection de l'enfance*』, Paris, Dunod, 2004.

8. '근친상간' 은 부모와 자식 간의 성행위 혹은 남매간의 성행위를 일컫는다. '근친상간적인 행위' 는 성기 삽입은 이루어지지 않았지만 근친상간의 특징을 가지고 있는 행위를 말한다.

9. P. Legendre, 『*Leon IV sur la filiation*』, Paris, Payard, 1985, 1988, 1990.

10. P. Legendre, 『*L'Inestimable Objet de la transmission. Étude sur le principe*

généalogique en Occident』, Paris, Fayard, 1985.

11. 페리앙드르의 전설은 근친상간을 위한 속임수의 사용을 잘 보여준다. 페리
앙드르의 어머니는 가장 아름다운 여인 중 한 여인이 페리앙드르를 사랑하
게 되었다는 사실을 그로 하여금 믿게 만든다. 이 여인의 명예를 보호하기
위해서, 페리앙드르는 밤마다 모든 불을 끈 채 그녀와 가까이 할 수 있었다.
하지만 밤이면 밤마다 아들의 침대를 찾아 온 사람은 다름 아닌 그의 어머니
였다. 이 사실을 알게 된 페리앙드르는 자신의 어머니에게 죽일 듯이 덤벼든
다. 하지만 신이 개입하여 그의 행동을 저지하고, 그 이후로 페리앙드르는
점점 더 잔혹해져서 고린도의 폭군이 된다. 그의 어머니는 밤마다 나눴던 근
친상간에 대한 상실감으로 스스로 죽음을 선택한다.

(J.-C. Belfiore, 『*Dictionnaire de la mythologie grecque et romaine*』, Paris,
Larousse, 2003. 참고) P.-C. Racamer는 자신의 저서, 『*L'Inceste et
l'incestuel*』에서 이 신화를 언급했다.

5장 완벽에 가까운 허구

1. 로마 격언에서 인용. 이 인용문은 그 후 5세기에 유스티니아우스 황제에 의해
서 완성되었으며, 중세에 와서 서양 법체계의 근간이 된 『로마법대전』에 삽입
되었다.

Legendre, 『*L'Inestimable Object de la transmission. Étude sur le principe généalogique en Occident*』 참고.

2. 프랑소와즈 에리티에르-오제(Francoise Héritier-Augé)에 의하면, 혈연관계, 혈족관계와 관련이 있는 모든 것은 사회적 용도로만 사용될 수 있다. 혈연관계와 개인의 정체성은 언제나 사회적 창조물이다. 따라서 개인의 순수한 개별성에 대해서 생각하는 것은 불가능하다. 개인은 단지 다른 사람들과의 관계와 조상의 혈통 속에서 존재할 뿐이다. 인류학적 의미에서 혈연관계는 개인적이고 집단적인 특징을 갖는다. 혈연관계는 사회에 대한 생물학적 행위의 표출이다. 모든 사회는 법률을 통해서 사회적 요소를 생물학적 요소의 우위에 둔다. 그러므로 혈연관계는 단순히 자식을 낳는 과정에서 비롯되는 관계가 아니다. 왜냐하면 어떤 사회도 혈연관계나 낳아준 사람을 아버지와 혼동하지는 않기 때문이다.

F. Héritier-Augé "De l'engendrement à la filiation. Approche anthropolgique", 『Topique』n°. 44, "Quels droits pour la psyché?", 1989, p. 173-185.

3. 30년 전부터 논쟁이 일기 시작한 '생물학적 부모'와 정자 기증을 통해 만들어진 사회적 부모 사이의 분리 문제는 오래 전에는 수치스러운 일로 간주되었다. 사람들은 이 문제에 대해서 과학에 의한 일종의 '신성모독'으로 여겼다. 몇몇 사람들은 심지어 성행위와 출산의 분리에 대하여 '아이에 대한 욕망의

의료화'라고 말하기까지 했다. 성행위 없이 아이를 낳을 수 있는 가능성은 임신에 대한 사회학적, 인류학적, 심리학적 환경의 급진적인 변화를 나타냈다.

4. P. Legendre, 『L'Inestimable Objet de la tranmission. Étude sur le principe généalogique en Occident』

5. P. Legendre, "Anthropologie dogmatique. Définition d'un concept", 『Sur la question dogmatique en Occident』, Paris, Fayard, 1999, p. 75-107.

6. 로마법에서 인용. "나이가 더 적은 사람이 나이가 더 많은 사람에게 입양되는 경우만이 허용된다. 왜냐하면 입양은 자연을 모방하는 행위이므로, 아들이 아버지보다 더 나이가 많다면 흉측한 일이 될 것이다."

E. H. Kantorowicz, "Souveraineté de l'ariste. Notes sur quelques mazimes juridiques et les théories de l'art à la Renaissance", 『Mourir pour la partrie et autres textes』, Paris, PUF, 1984.

7. Sophie Marinopoulos, Pierre Lévy-Soussan, "Abandon et adoption: les enjeux psychiques de la filiation dans une perspective historique et clinique" 『Encyclopédie médico-chirurgicale』, Elsevier, 2007.

6장 사생활 거래

1. Alain Ehrenber, "Ce soir, je passe à la télé, 『Topique』제53호, "Pouvoirs de

l'image", 1994.

2. Ibid.

3. Entretien avec Jean-Luc Delarue, "Téle vérité, 『*Le Débat*』 제138호, 2006

4. É. Lévy, "Le rapt du réel", 『*Le Débat*』 n° 138, 2006.

5. Op. cit.

6. 자전적 이야기에 대한 열광 현상은 개인들이 각자 자신에 대해서 이야기하고
자신을 드러내는 라디오 방송, 텔레비전 방송, 인터넷 사이트 등이 그 증거다.

7장 모든 것을 말하라: 현실의 노예가 되어버린 말

1. Marc-Alain Ouaknin, 『*C'est pour cela qu'on aime les libellules*』, Paris,
Calmann-Lévy, 1998.

2. F. Dolto, J.-P. Winter, 『*Les Images, les mots, le corps*』, Paris, Seuil, 2002, p. 82.

3. F. Dolto, 『*Séminaire de psychanalyse d'enfant*』, Paris, Seuil, 1982, p. 40.

4. S. Tisseron, 『*Nos secrets de famille*』, Paris, Ramsay, 2001, p. 12.

8장 비밀과 사회: 기증과 포기

1. "I have a taste for the secret, it clearly has to do with not-belonging; I have

an impulse of fear or terror in the face of a political space, for example, a
public space that makes no room for the secret. For me, the demand that
every thing be paraded in the public square and there be no internal forum
is a glaring sign of the totalitarianization of democracy. I can rephrase this
in terms of political ethics: if a right to the secret is not maintained, we are
in a totalitarian space."

J. Derrida, M. Ferraris, "I have a taste for the secrets", 『A Taste for the
Secret』, Cambridge, Polity press, 2001, p. 59.

2. J. Robert Leroux, "Un emprunt pour la vie: la transplantation d'organes",
『Trans』, 1993년 봄, p. 139-150. 이 장은 저자의 임상학적 충고에 많이 힘애했다.

3. Jean Benjamin Stora, 『Vivre avec une greffe. Accueillir l'autre』, Paris, Odile
Jacob, 2005.

4. P. Lévy-Soussan, "Autoanticorps naturels: étude de leurs variations au
cours de pathologies mentales", 파리4대학의 박사 학위 논문, 1997.

5. 프로이트에 의하면 "무의식 속에 죽음에 대한 표현은 없다."

6. Jean Benjamin Stora, op. cit.

7. Philippe Barrier, 『Lettre ouverte à ceux qui ne se voient pas donneurs
d'organes』, Paris, Éditions Frison-Roche, 2000.

8. D. Salas, 『Sujet de chair et sujet de droit: la justice face au transexualisme』,

PUF, 1994.

9. "Éthique et soins hospitaliers, Espace éthique, travaux 1997-1999, CECOS et enjeux de la procéatique", AP-HP의 문서, Pairs, Doin, 2002, p. 354-375.

10. 이 임상학적 설명은 소피 마리노풀로스가 포기, 입양, 그리고 타고난 부모에 대해서 20년 전부터 실시해왔던 연구에서 많이 인용되었다.

S. Marinopoulos, 『De l'une à l'autre』, Revigny-sur-Ornain, Hommes et perspectives-Martin média, 1997; 『Mouïe, OEdipe et Superman』, Paris, Fayard, 2002; 『Dans l'intime des mères』, Paris, Fayard, 2004.

11. S. Marinopoulos, 『Dans l'intime des mères』, Paris, Fayard, 2004.

12. P. Aulagnier, "Le droit au secre: condition pour pouvoir pense", 『Nouvelle Revue de psychanalyse』제14호; "Du secret", 1976, p. 141-157; 『Un interprète en quête de sens』, Paris, Ramsay, 1986, p. 219-238.

9장 비밀, 사고의 수호자

1. R. J. Waller의 원작 소설 『The Bridges of Madison County』(New York, Warner Books, 1992)를 클린트 이스트우드(Clint Eastwood) 감독이 1995년에 영화로 연출했다.

2. I. Théry, "Sida et secret"

A. Braconnier, C. Chiland, M. Choquet, 『*Adolescents, adolecsentes: secrets et confidents au temps de l'adolescence*』, Paris, Masson, 2001.

3. A. Lévy, "Évaluation du mot 'secret'", 『*Nouvelle Revue de psychanalyse*』n° 14, 1976, p. 118-129.

10장 숨 막히게 하는 말

1. P. Bayard, 『*Demain est écrit*』, Paris, ©ditions de Minut, 2005.

2. S. Kofman, 『*Rue Ordener, rue Labat*』, Paris, Galilée, 1994.

3. 철학자이자 수필가인 사라 코프만은 20여 권의 저서를 남겼다. 그 책들 중 대부분은 그녀가 자크 데리다(Jacque Derrida), 장-뤽 낭시(Jean-Luc Nancy), 필립 라쿠-라바스(Philippe Lacoue-Labarthe)와 더불어 "La philosophie en effect"라는 이름의 총서로 갈리에 출판사에서 출판되었다. 주로 니체를 해석한 저서가 많았다(『*Nietzsche et la métaphore*』, 1972, 1973; 『*Nietzsche et la scène philosophique*』, 1979, 1986; 『*Explosion I, II*』1992, 1993). 프로이트와 플라톤(『*Comment s'en sortir*』, 1983; 『*Socrate(s)*』, 1989), 데리다(『*Lectures de Derrida*』, 1984)에 대한 저서도 남겼다. 소르본대학교의 교수로서 그녀는 특히 학생들로부터 많은 존경을 받았다. 그녀의 철학적 사색은 문학작품, 영화비평, 심리분석, 사회문제의 분야에서도 드러났다(『*Quatre romans*

analytiques』, 1974; 『*L'Énigme de la femme*』, 1980; 『*Un métier impossible*』, 1983; 『*Il n'y a que le premier pas qui coûte*』, 1991; 『*Le Respect des femmes*』, 1982; 『*Le Mépris des juifs*』, 1994.).

4. 사라 코프만의 작품에 대한 더욱 상세한 분석은 Rachel Rosenblum이 『*Revue francaise de psychanalyse*』 제64호에 게재한 논문, "Peut-on mourir de dire?"에서 찾아볼 수 있다.

5. 작가 강조

6. 심리분석을 문학작품이나 그 밖의 다른 것에 적용하는 것에 대해서는 항상 심리학자들로부터 거부 반응이 있었다. 진료실에서 환자를 대하는 것 말고는 어떤 심리분석도 있을 수 없었다. 따라서 분석자와 피분석자 사이의 공간이, 해석이 가능한 유일한 장소다. 이 범위를 벗어나서 적용된 심리분석은 단지 작가의 무의식을 희미하게 보여줄 뿐이다. 그렇다면 셰익스피어(Shakespeare), 도스토예프스키(Dostoevskii), 레오나르도 다빈치(Leonardo da Vinci), 렘브란트(Rembrandt)의 작품에 심리분석을 적용하는 일에 몰두했던 프로이트에 대해서는 무엇이라고 말할 것인가? 프로이트는 인간 본성의 보다 보편적인 주제에 대해서 개인의 가장 은밀한 주제(성욕, 죽음, 꿈 등)를 분명히 밝히려고 했다. 이처럼 보편적인 것과 개인적인 것 사이의 분석은 『꿈의 해석 *Die Traumdeutung*』뿐만 아니라 모든 심리학적 분석에서 나타난다.

7. R. Rosenblum, "Peut-on mourir de dire?", art. cit.

8. 『*L'enfance de l'art,, une interprétation de l'estétique freudienne*』, Payot, 1970.

9. "Angoisse et Catharsis", 『*L'Imposture de la Beauté*』, Galilée, 1995.

10. 작가 강조.

11장 비밀의 실패

1. S. Tisseron, M. Torok, N. Rand 공저, 『*Le Psychisme à l'épreuve des généations: clinique du fantôme*』, Paris, Dunod, 1995 참고.

2. Ibid., p. 59.

3. S. Tisseron, 『*Nos secrets de famille*』, Paris, Ramsay, 2001, p. 12.

4. S. Tisseron, op. cit.

5. Chantal Ackerman, 『*Un divan à New York*』, 1996.
   심리분석가와 환자가 찻잔을 가운데 놓고 부드럽게 대화를 나누는 장면이 연출되지 않은 미국 영화가 있을까?

6. Nicolas Abraham, 『*L'Écorce et le noyau*』, Paris, Flammarion, "Champs", 1999, p. 267.

7. S. Freud, 『*Le Délire et les rêve dans la "Gradiva" de W. Jensen, Gradiva: fantaisie pompérienne*』, Paris, Gallimard, 1991.

8. S. Hefez, "Familles secrets: les impensables transmissions", 『*Secrets et*

confidents au temps de l'adolescence』, Paris, Masson, 2001.

9. J. Laplanche, J.-B. Pontalis, 『Vocabulaire de psychanalyse』, Paris, PUF, 1976.

10. H. Faimbers, "Le télescopage des générations: à propos de la généalogie de certaines identifications", R. Kaës, H. Faimberg, M. Enriquez, J.-J. Baranes, 『Transmission de la vie psychique entre génératons』, Paris, Dunod, 1993, p. 59-81.

12장 비밀의 비밀

1. G. Simmel, 『Secret et sociétés secrètes』, Paris, 1996, p. 37.

2. 2000년 9월에 『Le Monde de l'éucation』 제284호에 실린 쟈크 데리다의 인터뷰 기사.

3. Alain De Mijolla, 『Les Visiteurs du Moi, Fantasmes d'identification』 (Paris, 1981)에 인용된 C. Stein, "L'inconscient subvertit l'histoire", 『Spirales』 (1981년 2월 1일).

4. F. Kafka, "Devant la loi" 『Le Procés et Le Médecin de campagne』.

5. Sarah Kofman, 『L'Enfance de l'art, une interprétation de l'esthétique freudienne』, Paris, Payot, 1970.

비밀의 심리학

1쇄 인쇄 2007년 11월 26일
1쇄 발행 2007년 12월 5일

지은이 피에르 레비−수쌍 · **옮긴이** 강현주
펴낸곳 도서출판 **말글빛냄** · **인쇄** 삼화인쇄(주)
펴낸이 박승규 · **마케팅** 최윤석 · **편집** 김보미 · **디자인** 진미나
주소 서울시 마포구 동교동 203-4 함께 일하는 사회 빌딩 301호
전화 325-5051 · **팩스** 325-5771
등록 2004년 3월 12일 제313-2004-000062호
ISBN 978-89-92114-24-0   03180
가격 12,800원

*잘못된 책은 바꾸어 드립니다.